―絵と写真で見る―

日蓮大聖人のご生涯と正法伝持

はじめに

このたび、大日蓮出版より『日蓮大聖人《にちれんだいしょうにん》のご生涯《しょうがい》と正法伝持《しょうぼうでんじ》』を発刊する運びとなりました。

本宗においては、昭和五十六年、宗祖日蓮大聖人第七百御遠忌《ごおんき》を記念して『日蓮大聖人正伝《しょうでん》』が出版され、宗内僧俗はそれまで蔓延《はびこ》っていた誤謬《ごびゅう》や伝説に惑《まど》わされることなく、大聖人のご生涯を正しく拝することができるようになりました。

近年、総本山大石寺《たいせきじ》に宝物殿《ほうもつでん》が開設され、本年四月からは「日蓮大聖人のご生涯」の常設展示が行われています。多くの絵画や写真をとおし、大聖人一期《いちご》のご化導《けどう》に一貫《いっかん》する、立正安国《りっしょうあんこく》、破邪顕正《はじゃけんしょう》、死身《ししん》弘法《ぐほう》の精神を学ぶことは、個々の信仰を深める上で大変意義のあることです。

なお本書には、大聖人の正法を唯授一人《ゆいじゅいちにん》の血脈相承《けちみゃくそうじょう》によって伝持された第二祖日興上人《にっこうしょうにん》、第三祖日目《にちもく》上人についても紹介しています。

この書が、本宗僧俗の信心向上と折伏《しゃくぶく》弘教《ぐきょう》の一助《いちじょ》となれば幸いです。

最後に本書の編集に当たり、貴重な資料を提供していただいた関係各位に対し、衷心《ちゅうしん》より篤《あつ》く御礼申し上げます。

平成二十三年十一月

日蓮正宗宗務院　教学部

目次

日蓮大聖人のご生涯

宗祖《しゅうそ》日蓮大聖人《にちれんだいしょうにん》御画像《ごがぞう》「鏡《かがみ》の御影《みえい》」（総本山大石寺蔵）

一　ご誕《たん》生《じょう》から宗《しゅう》旨《し》建《こん》立《りゅう》

末法《まっぽう》の闇《やみ》を照《て》らす日輪《にちりん》のごとき
仏法《ぶっぽう》の出現《しゅつげん》。
日蓮大聖人《にちれんだいしょうにん》は、旭日《きょくじつ》に向かって
南無妙法蓮華経の題目《だいもく》を唱え、宗《しゅう》
旨《し》を建立《こんりゅう》された。

清澄山《きよすみやま》より旭日を望む（千葉県鴨川市）

ご誕生《たんじょう》

日蓮大聖人は貞応《じょうおう》元（一二二二）年二月十六日、安房国東条郷片海《あわのくにとうじょうのごうかたうみ》（千葉県鴨川市《かもがわ》）に誕生し、幼名《ようめい》を善日麿《ぜんにちまろ》と名づけられた。

ご誕生のとき、庭先《にわさき》に清水《せいすい》が湧《わ》き、海中に蓮華《れんげ》の花が咲《さ》いたと伝えられる。

ご誕生の様子

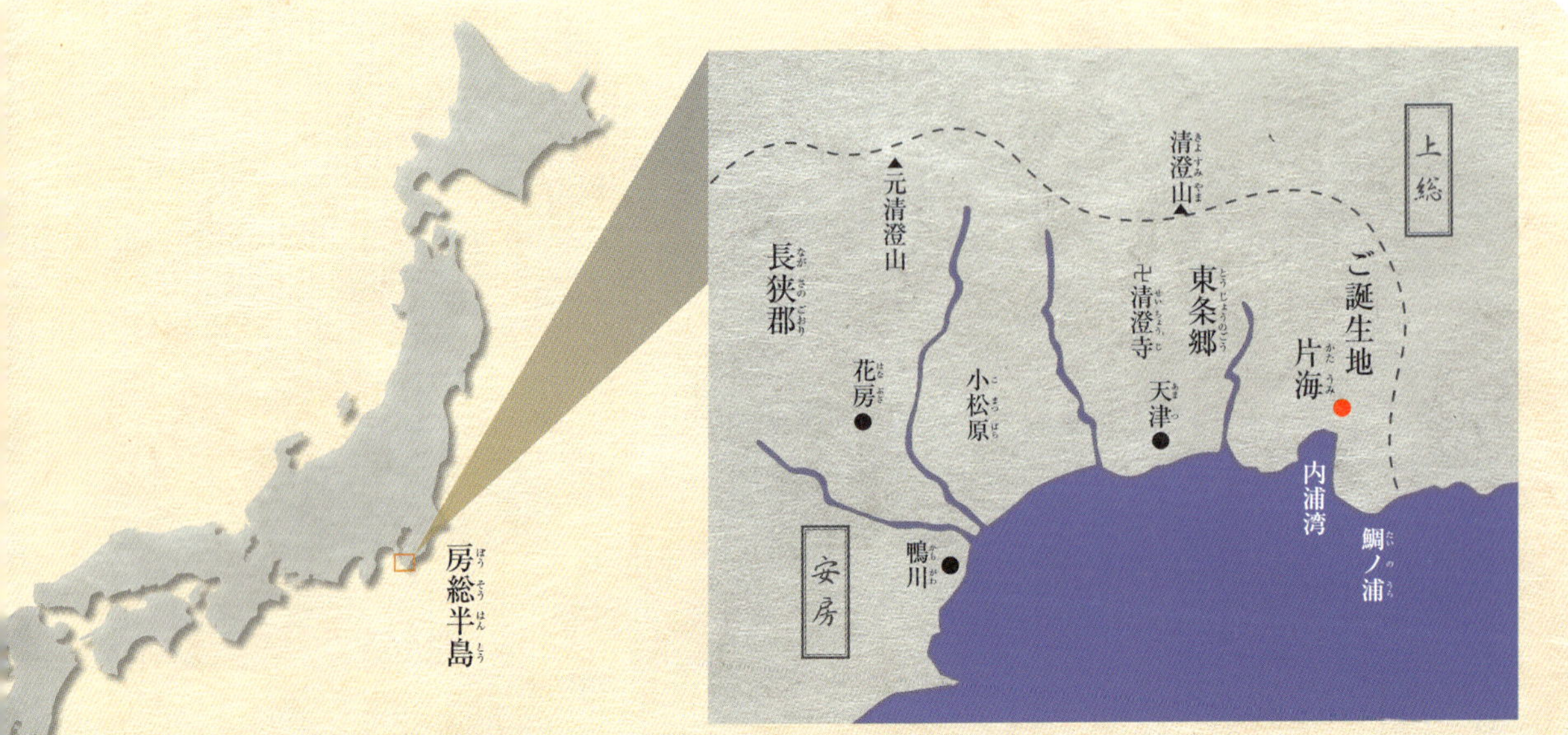

ご誕生地周辺図

出家《しゅっけ》・得度《とくど》

清澄寺《せいちょうじ》に登る善日麿《ぜんにちまろ》

天福《てんぷく》元（一二三三）年、十二歳で生家《せいか》にほど近い清澄寺《せいちょうじ》に登《のぼ》り、「日本第一の智者《ちしゃ》となし給《たま》え」との大願《だいがん》を立て、学問に励《はげ》まれた。

十六歳で道善房《どうぜんぼう》を師として剃髪《ていはつ》・得度《とくど》し、名を是聖房蓮長《ぜしょうぼうれんちょう》と称《しょう》された。

清澄山《きよすみやま》の大杉《おおすぎ》

諸《しょ》山《ざん》遊《ゆう》学《がく》

遊学の旅に立つ蓮長

蓮長《れんちょう》は、多くの仏典《ぶってん》・書籍《しょせき》を求め、政治《せいじ》・経済《けいざい》の中心地であった鎌倉《かまくら》や、仏教の中心地であった比叡山延暦寺《ひえいざんえんりゃくじ》など、諸宗諸山《しょしゅうしょざん》を歴訪《れきほう》された。

のちに日蓮大聖人は「十二・十六の年より三十二に至るまで二十余年《よねん》が間、鎌倉・京・叡山《えいざん》・園城寺《おんじょうじ》・高野《こうや》・天王寺《てんのうじ》等の国々寺々あらあら習《なら》い回《めぐ》り候《そうろう》」（妙法比丘尼御返事《みょうほうびくにごへんじ》）と記《しる》されている。

遊学《ゆうがく》の経路《けいろ》

南都《なんと》への遊学（奈良市 薬師寺）

比叡山《ひえいざん》での修学

宗《しゅう》旨《し》建《こん》立《りゅう》

清澄山《きよすみやま》嵩《かさ》が森《もり》での立宗宣言《りっしゅうせんげん》

遊学《ゆうがく》の旅を終えられた蓮長《れんちょう》は、建長《けんちょう》五（一二五三）年三月二十八日早暁《そうぎょう》、清澄山《きよすみやま》の頂《いただき》・嵩《かさ》が森《もり》に登《のぼ》り、旭日《きょくじつ》に向かって「南無妙法蓮華経」の題目を唱え、末法下種《まっぽうげしゅ》の宗旨《しゅうし》を法界《ほうかい》に宣言《せんげん》された。

一カ月後の四月二十八日、清澄寺《せいちょうじ》の諸仏坊《しょぶつぼう》において、大衆に向かい、法華経《ほけきょう》こそが最高の法であり、末法《まっぽう》の衆生《しゅじょう》は南無妙法蓮華経によってのみ救《すく》われ、それ以外の教法《きょうぼう》を信ずることは大きな誤りであるとし、宗旨《しゅうし》を建立《こんりゅう》された。そしてこのとき名を日蓮《にちれん》と改められた。

日蓮大聖人の念仏無間《ねんぶつむけん》等の説法《せっぽう》を聞いた地頭《じとう》の東条景信《とうじょうかげのぶ》は、念仏の強信者《ごうしんじゃ》であったため烈火《れっか》のごとく怒《いか》り狂《くる》い、その場で大聖人の身に危害《きがい》を加えようとした。しかし、大聖人は兄弟子《あにでし》の浄顕房《じょうけんぼう》・義浄房《ぎじょうぼう》たちの助けによってこの危機《きき》を逃《のが》れられた。

清澄寺の諸仏坊《しょぶつぼう》における説法（初転法輪《しょてんぽうりん》）

南無妙法蓮華経の題目《だいもく》

日蓮大聖人は、南無妙法蓮華経の題目について「文《もん》にあらず、義《ぎ》にあらず、一経《いっきょう》の心《こころ》なり」と述べ、この題目は単なる経題《きょうだい》ではなく、法華経本門寿量品《ほけきょうほんもんじゅりょうほん》の文底《もんてい》に秘《ひ》沈《ちん》された肝心《かんじん》の法であると説かれている。

また、「三世十方《さんぜじっぽう》の仏《ほとけ》は必ず妙法蓮華経の五字を種《しゅ》として仏に成《な》り給《たま》えり」と述べられて、この題目こそ三世十方の諸仏《しょぶつ》が成道《じょうどう》した根本《こんぽん》の法であり、仏法のあらゆる功徳《くどく》がそこに納《おさ》められていることを明かされている。

末法の一切衆生《いっさいしゅじょう》は、この南無妙法蓮華経の題目を御本尊《ごほんぞん》に向かって唱えることにより必ず成仏《じょうぶつ》を遂《と》げることができる。

二　鎌《かま》倉《くら》弘《ぐ》教《きょう》

名《な》越《ごえ》切《きり》通《どおし》（神奈川県鎌倉市）

法華経《ほけきょう》による衆生救済《しゅじょうきゅうさい》の実践《じっせん》。
宗旨《しゅうし》を建立《こんりゅう》された日蓮大聖人《にちれんだいしょうにん》は、当時、政治・経済の中心地であった鎌倉へ向かわれた。
そして名越《なごえ》の松葉ヶ谷《まつばがやつ》に小さな草庵《そうあん》を結《むす》ばれ、弘教《ぐきょう》に励《はげ》まれた。

松《まつ》葉《ば》ヶ《が》谷《やつ》の草《そう》庵《あん》

日蓮大聖人《にちれんだいしょうにん》は、建長《けんちょう》五（一二五三）年八月頃から文永《ぶんえい》八（一二七一）年九月までの十八年間、鎌倉名《な》越《ごえ》の松葉ヶ谷に草庵を構《かま》え、諸宗の誤《あやま》りを糾《ただ》し、正《しょう》法《ぼう》である法華経《ほけきょう》の題目《だいもく》を弘通《ぐずう》された。

大聖人の草庵《そうあん》を訪《おとず》れ弟子《でし》入《い》りを請《こ》う僧《そう》

当時の鎌倉全体図

辻説法《つじせっぽう》

迫害《はくがい》を受けながらも正法《しょうぼう》を説《と》かれる大聖人

日蓮大聖人は、鎌倉の辻々《つじつじ》に立って「念《ねん》仏無間《ぶつむけん》」「禅天魔《ぜんてんま》」等と諸宗に対し、破邪顕《はじゃけん》正《しょう》の弘教《ぐきょう》を始められた。

これを聞いた人々は大聖人に対して悪口《あっこう》雑言《ぞうごん》を浴《あ》びせ、石を投《な》げ、棒《ぼう》で叩《たた》くなどの迫害《はくがい》を加《くわ》えた。

一方《いっぽう》、大聖人の確信《かくしん》に満《み》ちた言葉に心を打《う》たれた聴衆《ちょうしゅう》には帰依《きえ》する者も多く、そのなかには、僧侶《そうりょ》や鎌倉武士《ぶし》の四条金吾《しじょうきんご》・富《と》木常忍《きじょうにん》などの姿もあった。

四箇《しか》の格言《かくげん》

四箇の格言とは「念仏無間《ねんぶつむけん》・禅天《ぜんてん》魔《ま》・真言亡国《しんごんぼうこく》・律国賊《りっこくぞく》」という、日蓮大聖人が諸宗の邪義《じゃぎ》の特徴《とくちょう》を簡潔《かんけつ》に破《は》折《しゃく》した言葉。

『建長寺道隆《けんちょうじどうりゅう》への御状《ごじょう》』に「念仏は無《む》間地獄《けんじごく》の業《ごう》、禅宗は天魔の所為《しょい》、真言は亡国の悪法《あくほう》、律宗は国賊の妄説《もうせつ》」と述《の》べられている。

鎌《かま》倉《くら》大《だい》地《じ》震《しん》

鎌倉大地震の様子

実相寺の一切経蔵《いっさいきょうぞう》

鎌倉では、大地震や疫病《えきびょう》などの災難《さいなん》が続き、これらの災害《さいがい》によって人々は塗炭《とたん》の苦しみに喘《あえ》いでいた。

とくに正嘉《しょうか》元（一二五七）年八月二十三日の大地震は、鎌倉中の神社仏閣《じんじゃぶっかく》がことごとく被害《ひがい》を受け、山は崩《くず》れ、家屋《かおく》は倒壊《とうかい》し、ところどころに地割《じわ》れが生《しょう》じた。

大聖人はこれらの災難の起因《きいん》を明らかにするために、翌年に駿河国岩本《するがのくにいわもと》（静岡県富士市）実相寺《じっそうじ》の経蔵《きょうぞう》に入り、一切経《いっさいきょう》を閲覧《えつらん》された。

そして、民衆《みんしゅう》を救済《きゅうさい》するために『立正安国論《りっしょうあんこくろん》』を述作《じゅっさく》された。

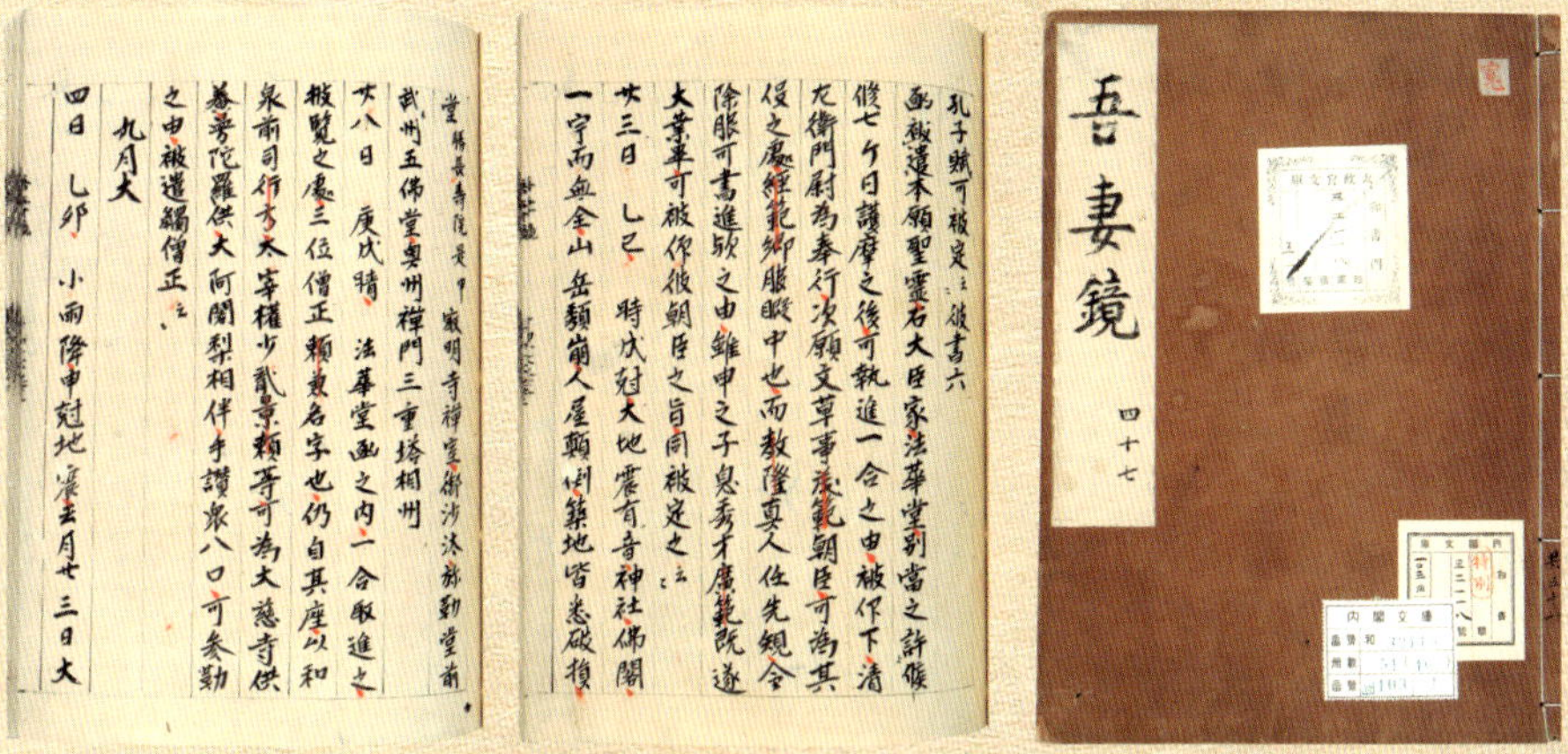

『吾妻鏡《あずまかがみ》』北条本《ほうじょうぼん》
（国立公文書館内閣文庫蔵）

正嘉《しょうか》元（一二五七）年八月二十三日の項に「神社仏閣一宇《じんじゃぶっかくいちう》として全《まった》きなし」との記述《きじゅつ》がある。

当時の鎌倉災害《さいがい》年表

正嘉《しょうか》元（一二五七）年	八月一日	鎌倉大地震
	八月二十三日	鎌倉大地震〔正嘉の大地震〕
	十一月八日	鎌倉大地震
	十一月二十二日	鎌倉火災
正嘉二（一二五八）年	一月十七日	鎌倉火災
	六月二十四日	大風・寒冷《かんれい》（冬のような寒波《かんぱ》が襲《おそ》う）
	八月一日	大風雨により諸国の田園《でんえん》が損亡《そんぼう》
	十月十六日	鎌倉大雨・洪水
正元《しょうげん》元（一二五九）年	春	大飢饉《だいききん》・大疫病《だいえきびょう》
文応《ぶんおう》元（一二六〇）年	四月二十九日	鎌倉大火
	六月一日	鎌倉大風・洪水

『立正安国論《りっしょうあんこくろん》』奏呈《そうてい》

汝早《なんじはや》く信仰《しんこう》の寸心《すんしん》を改《あらた》めて
速《すみ》やかに実乗《じつじょう》の一善《いちぜん》に帰《き》せよ
（立正安国論）

日蓮大聖人は、民衆救済《みんしゅうきゅうさい》と国土安穏《こくどあんのん》を実現《じつげん》するために、国主諫暁《こくしゅかんぎょう》の書『立正安国論』を述作《じゅっさく》され、文応《ぶんおう》元（一二六〇）年七月十六日、宿《やど》屋入道《やにゅうどう》を介《かい》して、当時、実質的《じっしつてき》な最高権力者《さいこうけんりょくしゃ》であった北条時頼《ほうじょうときより》に奏呈《そうてい》された。これを第一の国諫《こっかん》という。

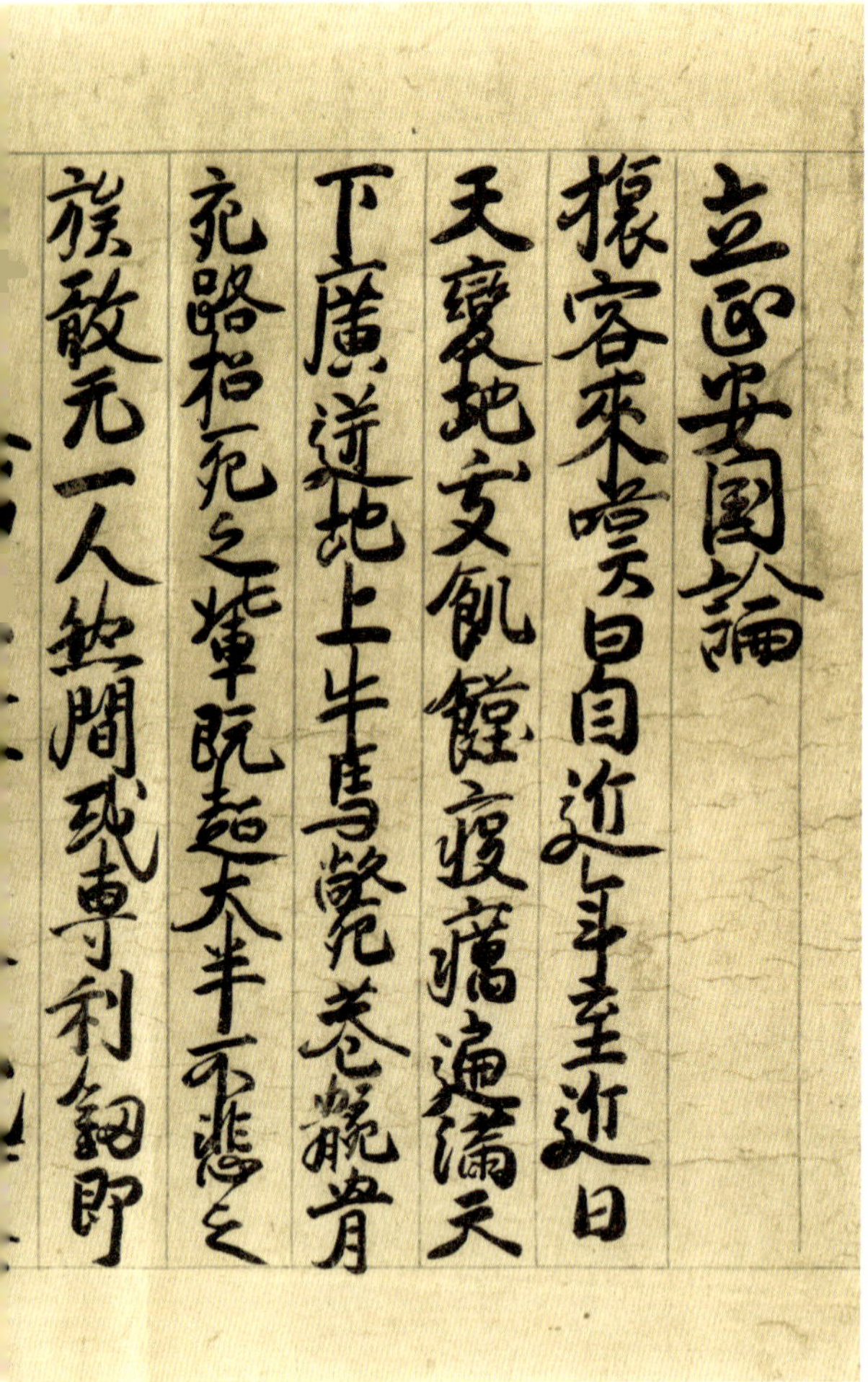

立正安国論
旅客来嘆曰自近年至近日
天変地夭飢饉疫癘遍満天
下広迸地上牛馬斃巷骸骨
充路招死之輩既超大半不悲之
族敢无一人然間或専利剣即

大聖人の『立正安国論』を北条時頼《ときより》に披露《ひろう》している様子

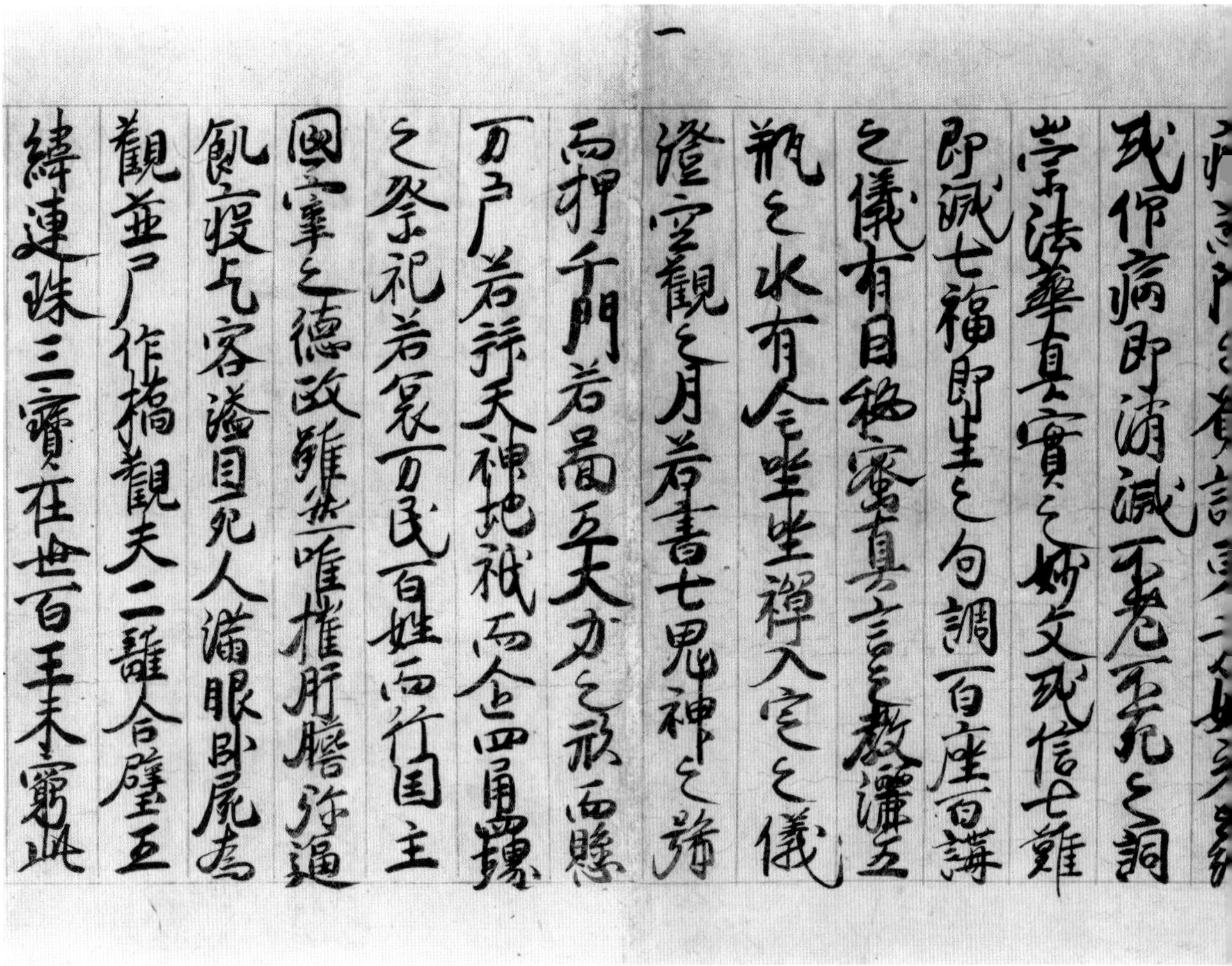
或作病即消滅不老不死之詞
崇法華真実之妙文或信七難
即滅七福即生之句調百座百講
之儀有因秘密真言之教灑五
瓶之水有全坐禅入定之儀
澄空観之月若書七鬼神之号
而押千門若図五大力之形而懸
万戸若拝天神地祇而企四角四境
之祭祀若哀万民百姓而行国主
国宰之徳政雖然唯摧肝胆弥逼
飢疫乞客溢目死人満眼臥屍為
観並尸作橋観夫二離合璧五
緯連珠三宝在世百王未窮此

日蓮大聖人御真蹟《ごしんせき》『立正安国論』（中山法華経寺蔵）

『立正安国論』

題号《だいごう》の「立正安国」とは、正法《しょうぼう》を立てて国を安《やす》んずるという意である。

この書は、全体が客と主人との問答《もんどう》で構成《こうせい》されており、最後に客が正法への帰依《きえ》を決意して終わる。

日蓮大聖人は、この書の中で、まず人々が正法に背《そむ》き、悪法に帰依するゆえに善神《ぜんじん》が国を捨《す》て去《さ》り、そこに悪鬼《あっき》魔神《まじん》が入り込《こ》んで災難《さいなん》を起こすと説かれている。

そして邪宗邪義《じゃしゅうじゃぎ》への布施《ふせ》を止《とど》め、正法である法華経《ほけきょう》に帰依しなければ、諸《しょ》経《きょう》に予証《よしょう》される七難《しちなん》のうち、いまだ現れていない自界叛逆難《じかいほんぎゃくなん》（自国《じこく》の内乱《ないらん》）と他国侵逼難《たこくしんぴつなん》（外敵《がいてき》の来襲《らいしゅう》）が必ず起こるであろうと予言《よげん》され、為政者《いせいしゃ》に対して速《すみ》やかに邪教《じゃきょう》を捨てて正法に帰依すべきことを説かれている。

三 法華経《ほけきょう》の身読《しんどく》

日蓮大聖人《にちれんだいしょうにん》は、北条時頼《ほうじょうときより》に『立正安国論《りっしょうあんこくろん》』を奏呈《そうてい》されたことにより、他宗の僧侶《そうりょ》や信《しん》徒《と》、さらには幕府《ばくふ》の権力者《けんりょくしゃ》から迫害《はくがい》を受けられた。

これは、法華経の勧持品《かんじほん》第十三（二十行の偈《げ》）に説かれる「悪世《あくせ》の中においては、正法の弘教者《ぐきょう》を悪口雑言《あっこうぞうごん》し、刀《かたな》や杖《つえ》で危害《きがい》を加える邪智《じゃち》の者が現れる」との経文そのものの相《すがた》であった。

法華経勧持品《ほけきょうかんじほん》第十三（二十行の偈《げ》）

松《まつ》葉《ば》ヶ《が》谷《やつ》法《ほう》難《なん》

大聖人をお護《まも》りしようと防戦《ぼうせん》する弟子たち

『立正安国論《りっしょうあんこくろん》』奏呈《そうてい》ののち、禅《ぜん》・念仏・律宗《りっしゅう》等の高僧《こうそう》たちは、念仏《ねんぶつ》の強信者《ごうしんじゃ》である北条重時《ほうじょうしげとき》と結託《けったく》し、日蓮大聖人を殺害《さつがい》しようと企《くわだ》てた。

念仏者《ねんぶつしゃ》を中心とする謗法《ほうぼう》の者たちは、大聖人が住まわれていた松葉ヶ谷《まつばがやつ》の草庵《そうあん》を襲《おそ》ったが、大聖人は弟子たちの懸命《けんめい》な護《まも》りによって、難《なん》を逃《のが》れられた。

松葉ヶ谷《まつばがやつ》付近（神奈川県鎌倉市）

伊《い》豆《ず》配《はい》流《る》

大聖人の伊豆配流《はいる》を見送る弟子信徒《でししんと》

松葉ヶ谷《まつばがやつ》法難をのがれた日蓮大聖人は、翌弘《こう》長《ちょう》元（一二六一）年五月十二日、執権北条長時《しっけんほうじょうながとき》により、伊豆伊東《いずいとう》の川奈《かわな》へ配流《はいる》された。

この法難《ほうなん》の意義について、大聖人は『四恩抄《しおんしょう》』に「法華経《ほけきょう》の身読《しんどく》」であり、「如説修行《にょせつしゅぎょう》」であると説き明かされている。

伊豆の地では、船守弥三郎《ふなもりやさぶろう》夫妻《ふさい》などの信徒《しんと》が帰依《きえ》している。

配流地《はいるち》に着岸《ちゃくがん》された大聖人

小《こ》松《まつ》原《ばら》法《ほう》難《なん》

東条景信《とうじょうかげのぶ》の襲撃《しゅうげき》

日蓮大聖人は、文永元《ぶんえい》（一二六四）年の秋、母の病気平癒《びょうきへいゆ》を祈るために故郷《こきょう》の安房《あわ》に戻《もど》られていた。この年の十一月十一日、大聖人は天津《あまつ》の領主《りょうしゅ》工藤吉隆邸《くどうよしたかてい》に向かう途中《とちゅう》、松原《まつばら》の大路《おおじ》で地頭東条《じとうとうじょう》景信《かげのぶ》の率《ひき》いる念仏者《ねんぶつしゃ》らに襲撃《しゅうげき》された。

この法難《ほうなん》で工藤吉隆と弟子の鏡忍房《きょうにんぼう》が殉死《じゅんし》し、大聖人ご自身も右の額《ひたい》に刀傷《かたなきず》を負《お》い、左手を打ち折られた。

小松原付近（千葉県鴨川市）

蒙古《もうこ》の使者《ししゃ》来《き》たる
—十一通御書《じゅういっつうごしょ》—

文永《ぶんえい》五（一二六八）年の初め、日本に服属《ふくぞく》を求める蒙古《もうこ》の国書《こくしょ》が幕府《ばくふ》に届き、『立正安国論《りっしょうあんこくろん》』の他国侵逼難《たこくしんぴつなん》の予言《よげん》が現実《げんじつ》となった。

日蓮大聖人は、執権北条時宗《しっけんほうじょうときむね》をはじめとする幕府首脳《しゅのう》や鎌倉七大《しちだい》寺《じ》に宛《あ》てて十一通の書状《しょじょう》を送り、公場対決《こうじょうたいけつ》を求められた。しかし、幕府の要人《ようじん》らはまったく耳を傾《かたむ》けなかった。

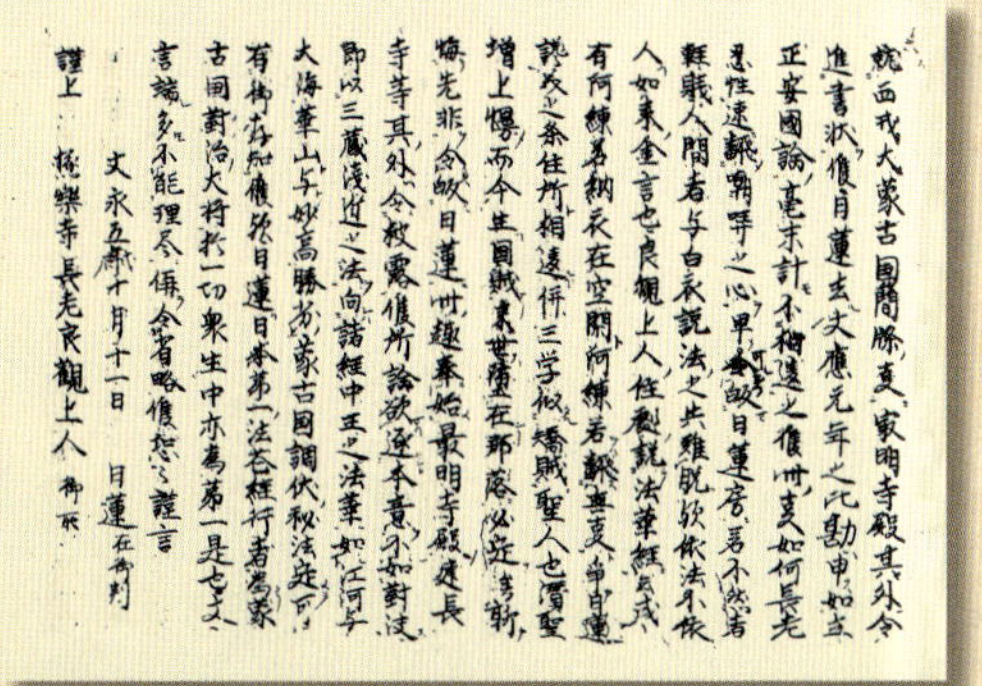

『極楽寺良観《ごくらくじりょうかん》への御状《ごじょう》』（写本）

十一通御書の宛先《あてさき》

①執権北条時宗《しっけんほうじょうときむね》
②宿屋左衛門光則《やどやさえもんみつのり》
③平左衛門尉頼綱《へいのさえもんのじょうよりつな》
④北条弥源太《ほうじょうやげんた》
⑤建長寺道隆《けんちょうじどうりゅう》
⑥極楽寺良観《ごくらくじりょうかん》
⑦大仏殿別当《だいぶつでんべっとう》
⑧寿福寺《じゅふくじ》
⑨浄光明寺《じょうこうみょうじ》
⑩多宝寺《たほうじ》
⑪長楽寺《ちょうらくじ》

蒙古国《もうここく》の使者《ししゃ》を乗せた船

四　竜《たつの》口《くち》法《ほう》難《なん》

竜口《たつのくち》刑場地《けいじょうち》付近より江ノ島方面を望む（神奈川県藤沢市）

日蓮大聖人《にちれんだいしょうにん》は竜口法難《たつのくちほうなん》において、それまでのお立場である上行菩薩《じょうぎょうぼさつ》の再誕《さいたん》としての垂迹身《すいじゃくしん》を発《はら》い、久《く》遠元初《おんがんじょ》の御本仏《ごほんぶつ》の本地身《ほんちしん》を顕《あらわ》された。

平左衛門尉頼綱《へいのさえもんのじょうよりつな》への諫暁《かんぎょう》

日蓮大聖人は、文永《ぶんえい》八（一二七一）年九月十日、極楽寺良観《ごくらくじりょうかん》らの讒言《ざんげん》により、平左衛門尉頼綱《へいのさえもんのじょうよりつな》の尋問《じんもん》を受けた。そして二日後の九月十二日、大聖人は頼綱に書状（一昨日御書《いっさくじつごしょ》）を送り、再度、法華経に帰依《きえ》するよう諫《いさ》められた。

頼綱はその日の夕刻、数百人の兵を率《ひき》いて松葉ヶ谷《まつばがやつ》の草庵《そうあん》に押《お》し寄《よ》せ、土足で散々《さんざん》に踏《ふ》み荒《あ》らし、大聖人を捕縛《ほばく》した。頼綱の家来《けらい》である少輔房《しょうぼう》は、大聖人が懐中《かいちゅう》していた法華経《ほけきょう》第五の巻《まき》を奪《うば》い取り、その経巻《きょうがん》で大聖人の頭《こうべ》を三度にわたって打ちすえた。この第五の巻には、末法《まっぽう》に法華経を弘通《ぐずう》するならば刀杖《とうじょう》の難《なん》に値《あ》うと説かれた勧持品《かんじほん》第十三が収《おさ》められている。

このとき大聖人は、頼綱に向かって「日蓮は日本国の棟梁《とうりょう》なり。予《よ》を失《うしな》うは日本国の柱橦《はしら》を倒《たお》すなり」と喝破《かっぱ》された。これを第二の国諫《こっかん》という。

法華経第五の巻で大聖人を打擲《ちょうちゃく》する少輔房《しょうぼう》

竜口《たつのくち》の刑場《けいじょう》へ

今夜頸《くび》切られへまかるなり（種々御振舞御書《しゅじゅおふるまいごしょ》）

文永《ぶんえい》八（一二七一）年九月十二日、日蓮大聖人は、松葉ヶ谷《まつばがやつ》の草庵から重罪人《じゅうざいにん》のように鎌倉の街中《まちなか》を引《ひ》き回《まわ》され、評定所《ひょうじょうしょ》へ連行《れんこう》された。そこで平左衛門尉頼綱《へいのさえもんのじょうよりつな》より佐渡流罪《さどるざい》が言《い》い渡《わた》された。しかし、これは表向《おもてむ》きの評決《ひょうけつ》で、内実《ないじつ》はひそかに大聖人を斬罪《ざんざい》に処《しょ》する計画であった。実際、深夜になると大聖人は処刑《しょけい》のために竜口の刑場へと護送《ごそう》された。

その途中、鶴岡八幡宮《つるがおかはちまんぐう》の前にさしかかったとき、大聖人は馬を下《お》りられ、法華経の行者《ぎょうじゃ》を守護《しゅご》すると誓《ちか》った八幡大菩薩《はちまんだいぼさつ》に対し、その誓いを守るよう諫《いさ》められた。

また、由比ヶ浜《ゆいがはま》を通り過ぎ、御霊神社《ごりょうじんじゃ》の近くまで来たとき、大聖人は熊王丸《くまおうまる》という童子《どうじ》をつかわして四条金吾《しじょうきんご》に事《こと》の次第《しだい》を知らせた。金吾はただちに大聖人のもとに駆《か》けつけ、殉死《じゅんし》の覚悟《かくご》で刑場までお供《とも》をした。

八幡大菩薩《はちまんだいぼさつ》への諫暁《かんぎょう》

刑場への経路

文永《ぶんえい》八年九月十二日の夜半《やはん》

① 評定所《ひょうじょうしょ》を出る
② 八幡大菩薩《はちまんだいぼさつ》を諫暁《かんぎょう》
③ 由比ヶ浜《ゆいがはま》
④ 御霊神社前《ごりょうじんじゃまえ》
⑤ 腰越《こしごえ》
⑥ 竜口《たつのくち》の刑場《けいじょう》に着く

頸《くび》の座《ざ》

竜口《たつのくち》の刑場に着《つ》かれた日蓮大聖人は、頸《くび》の座《ざ》に端座《たんざ》された。太刀取《たちと》りが大聖人に向かって刀《かたな》を振《ふ》り下《お》ろそうとした瞬間《しゅんかん》、突如《とつじょ》、江ノ島の方角から月のような光《ひか》り物《もの》が現れた。太刀取りは強烈《きょうれつ》な光に目が眩《くら》み倒《たお》れ伏《ふ》し、取り囲んでいた兵士は恐怖《きょうふ》におののいて逃《に》げ惑《まど》い、ある者はひれ伏すなどのありさまであった。結局、大聖人を斬首《ざんしゅ》することはできなかった。

発迹顕本《ほっしゃくけんぽん》

竜口《たつのくち》における法難《ほうなん》は、それまでの上行菩薩《じょうぎょうぼさつ》の再誕《さいたん》日蓮《にちれん》の仮《かり》の姿（垂迹身《すいじゃくしん》）を発《はら》って、久遠元初《くおんがんじょ》の御本仏《ごほんぶつ》即《そく》日蓮としての真実の姿（本地身《ほんちしん》）を顕《あらわ》された、という重大な意義がある。これを「発迹顕本《ほっしゃくけんぽん》」という。

このことについて、日蓮大聖人は『開目抄《かいもくしょう》』に「日蓮といいし者は、去年《こぞ》九月十二日子丑《ねうし》の時に頸《くび》はねられぬ。此《これ》は魂魄佐土《こんぱくさど》の国にいたりて……」と明かされている。

この「魂魄」とは、まさに久遠元初の御本仏としての魂魄であり、大聖人は竜口法難という身命《しんみょう》に及ぶ大法難のなかで、久遠元初の御本仏の境界《きょうがい》を開顕《かいけん》されたのである。

七里ヶ浜《しちりがはま》より竜口《たつのくち》・江ノ島方面を望む（神奈川県藤沢市）

依《え》智《ち》の本《ほん》間《ま》邸《てい》

梅の木の枝に掛《か》かった明星天子《みょうじょうてんし》

竜口《たつのくち》における頸《くび》の座《ざ》ののち、日蓮大聖人は、相《さ》模国《がみのくに》依智《えち》（神奈川県厚木市）の本間六郎左衛門邸《ほんまろくろうざえもんてい》に身柄《みがら》を移《うつ》された。

九月十三日の夜、大聖人が本間邸の大庭《おおにわ》に出て月に向かって諫暁《かんぎょう》されると、大きな明星《みょうじょう》が降《ふ》り来たり、梅の木の枝に掛《か》かった。

大聖人は、頸の座の光《ひか》り物《もの》や星降《ほしふ》りの現象《げんしょう》について、後日、「三光天子《さんこうてんし》の中に月天子《がってんし》は光り物とあらわれ竜口の頸をたすけ、明星天子《みょうじょうてんし》は四・五日已前《いぜん》に下《くだ》りて日蓮に見参《げんざん》し給《たも》う」（四条金吾殿御《しじょうきんごどのご》消息《しょうそく》）と仰せられ、諸天《しょてん》が大聖人を守護《しゅご》する証《あかし》であると述《の》べられている。

五　佐《さ》渡《ど》配《はい》流《る》

寺泊《てらどまり》（新潟県長岡市）の海岸より佐渡を望む

日蓮大聖人《にちれんだいしょうにん》のご化導《けどう》における佐渡《さど》配流《はいる》の意義は、末法《まっぽう》の法華経の行者《ぎょうじゃ》、すなわち久遠元初《くおんがんじょ》の御本仏《ごほんぶつ》の立場から真実《しんじつ》の法門《ほうもん》を説き明かし、御本尊《ごほんぞん》を顕《あらわ》し始められたことにある。

佐《さ》渡《ど》へ

日蓮大聖人は、依智《えち》の本間邸《ほんまてい》に一カ月近く拘留《こうりゅう》され、文永《ぶんえい》八（一二七一）年十月十日、佐渡配流のために依智を出発された。そして、越後国《えちごのくに》寺泊《てらどまり》（新潟県長岡市）を経《へ》て、同月二十八日に佐渡国松ヶ崎《さどのくにまつがさき》（新潟県佐渡市）に着き、十一月一日、配所《はいしょ》である塚原《つかはら》の三昧堂《さんまいどう》へ入られた。

大聖人は翌《よく》文永九年の夏には、一谷《いちのさわ》の地に移《うつ》られたが、約二年半の在島中《ざいとうちゅう》、阿仏房夫妻《あぶつぼうふさい》、国府入道《こうにゅうどう》夫妻、中興入道《なかおきにゅうどう》、最蓮房《さいれんぼう》などが大聖人に帰依《きえ》している。

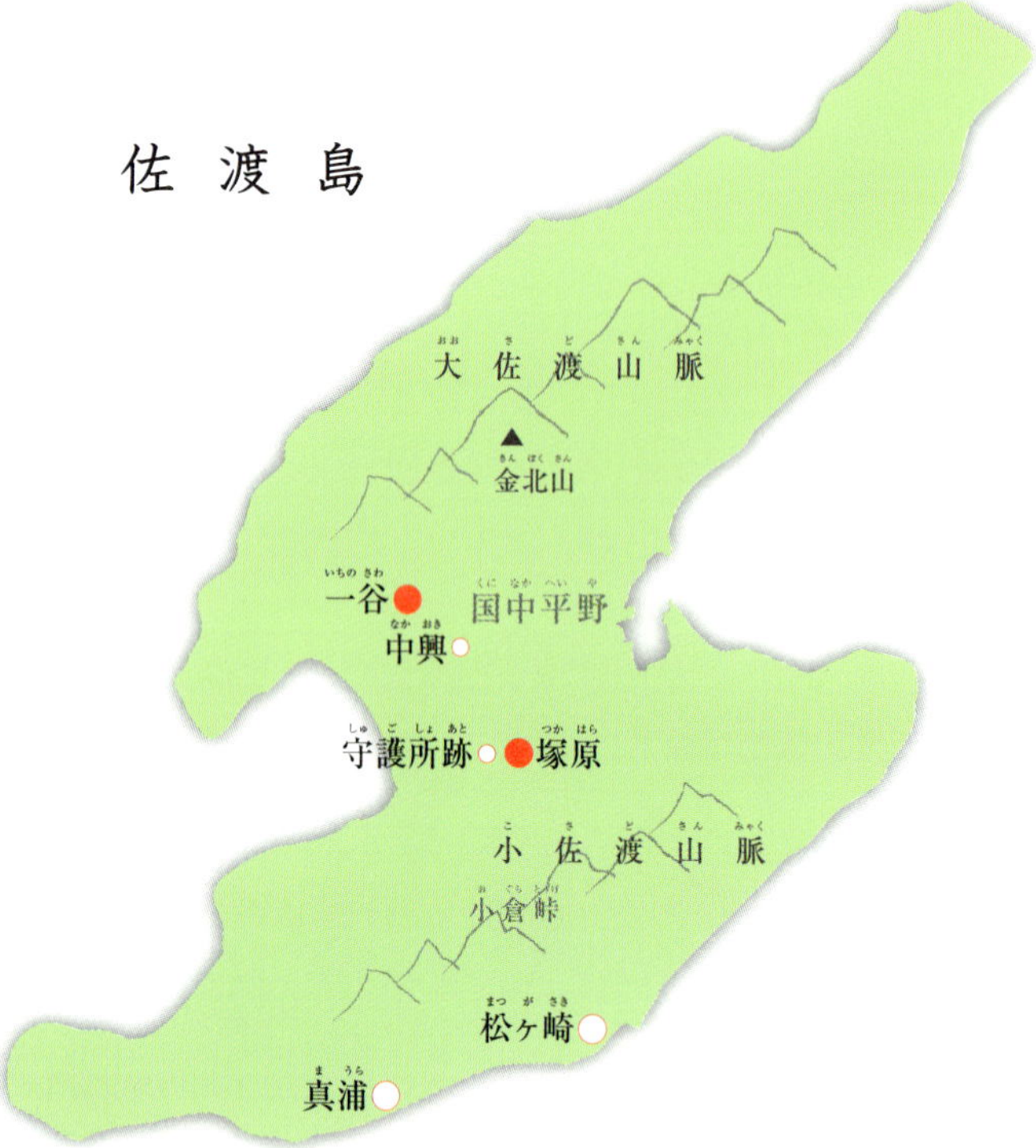

荒海《あらうみ》を越え佐渡へ渡る大聖人

佐渡への往復経路《おうふくけいろ》

一谷《いちのさわ》
移居 文永9.4.3
赦免 文永11.3.13発
塚原《つかはら》
11.1着
松ヶ崎《まつがさき》
10.28
真浦《まうら》
寺泊《てらどまり》
10.21
(依智より12日目)
柏崎《かしわざき》
3.16
直江津《なおえつ》
越後
陸奥
越中
北国街道(信濃路)
長野
上野
下野
碓氷峠《うすいとうげ》
高崎《たかさき》
常陸
飛騨
信濃
武蔵
下総
児玉
鎌倉街道
久米川《くめがわ》
甲斐
相模
依智《えち》
文永8.10.10発
上総
鎌倉
文永11.3.26着
駿河
伊豆
安房
往路
復路

塚《つか》原《はら》三《さん》昧《まい》堂《どう》

塚原三昧堂《つかはらさんまいどう》は、佐渡の守護代《しゅごだい》である本間六郎左《ほんまろくろうざ》衛門重連《えもんしげつら》の館《やかた》の後方にあり、死人を葬《ほうむ》る所に立つ、仏《ほとけ》も安置《あんち》されていない荒《あ》れはてた一間四面《いっけんしめん》のお堂であった。

日蓮大聖人は、この三昧堂の様子について「屋《や》根板《ねいた》は隙間《すきま》だらけで、四方《しほう》の壁《かべ》は朽《く》ち、雪が堂内に降《ふ》りつもるありさまで、敷《し》き皮を用《もち》い、蓑《みの》を着て、昼夜《ちゅうや》を過ごした。夜は雪・雹《あられ》・雷電《いなずま》が絶《た》えず、昼は日の光も射《さ》すことのない住まいであった」（種々御振舞御書《しゅじゅおふるまいごしょ》）と記《しる》されている。

大聖人の様子をうかがう帰依《きえ》以前の阿仏房《あぶつぼう》

塚《つか》原《はら》問《もん》答《どう》

諸宗の僧など数百人を相手に問答をする大聖人

文永《ぶんえい》九（一二七二）年一月十六日と十七日の二日間、日蓮大聖人は守護代本間重連《しゅごだいほんましげつら》の立ち会いのもと、諸宗《しょしゅう》の僧など数百人を相手に問答され、完膚《かんぷ》なきまでに打ち破られた。

問答が終わり、立ち去ろうとする重連に対し、大聖人は、近いうちに鎌倉に戦《いくさ》が起こることを予言され、早く鎌倉へ上《のぼ》るよう促《うなが》された。

一カ月後、大聖人の予言《よげん》は「二月騒動《にがつそうどう》」という北条一門《ほうじょういちもん》の同士《どし》討《う》ちとして現れた。この予言的中《てきちゅう》により、重連は大聖人に畏敬《いけい》の念《ねん》を懐《いだ》き、帰依《きえ》した。

本間重連《ほんましげつら》の帰依《きえ》

『開《かい》目《もく》抄《しょう》』と『観《かん》心《じんの》本《ほん》尊《ぞん》抄《しょう》』

日蓮大聖人は、佐渡配流《さどはいる》中に五十篇を越える御書《ごしょ》を著《あらわ》された。その中でも『開目抄』と『観心本尊抄』はご一代を代表する最重要書《さいじゅうようしょ》である。

『開目抄《かいもくしょう》』は、文永《ぶんえい》九（一二七二）年二月、塚原三昧堂《つかはらさんまいどう》において著された。

この書は、大聖人こそが末法の法華経の行者、すなわち主師親《しゅししん》の三徳兼備《さんとくけんび》の御本仏《ごほんぶつ》であることを明かした「人本尊開顕《にんほんぞんかいけん》の書」である。

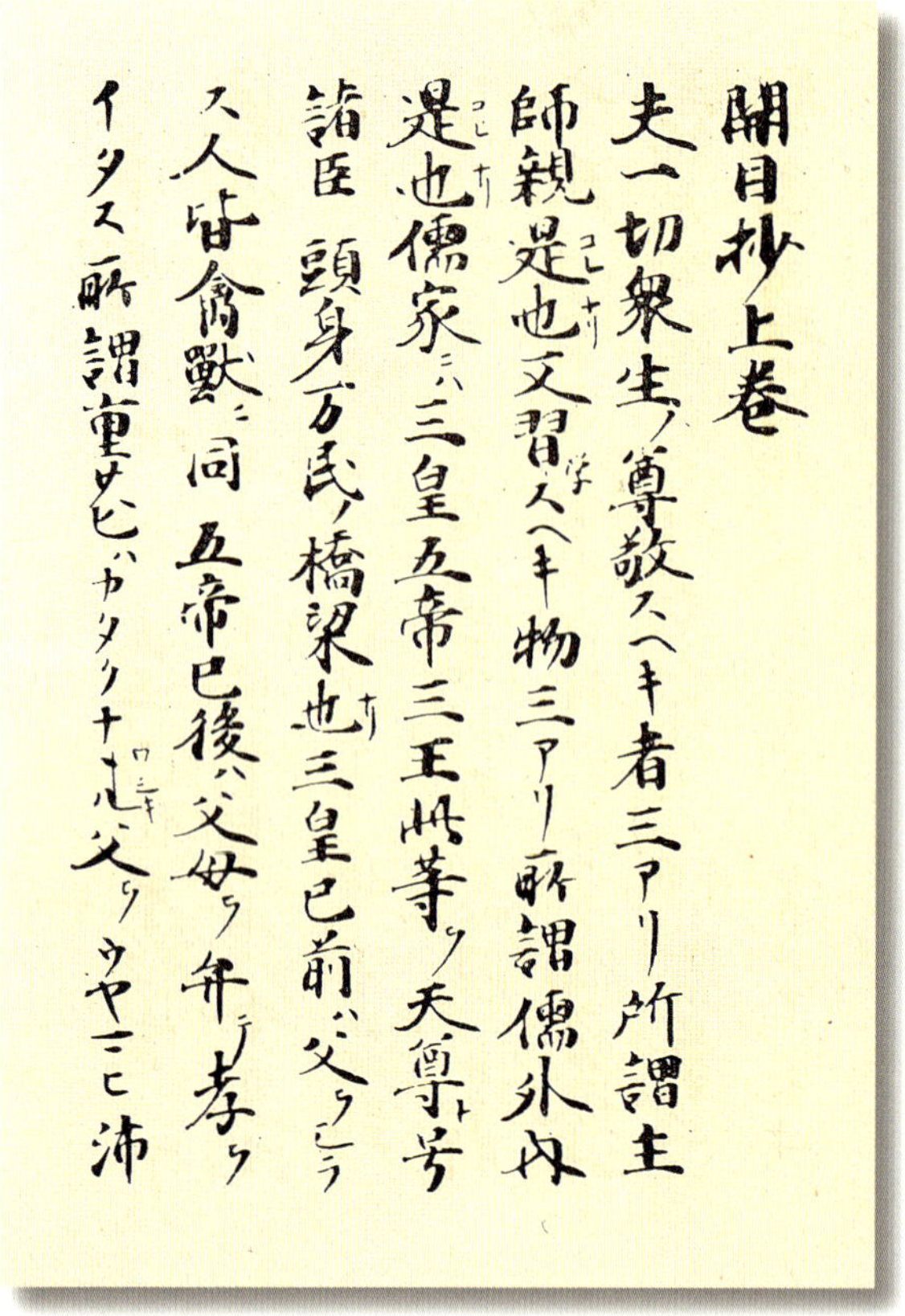
開目抄上巻
夫一切衆生ノ尊敬スヘキ者三アリ所謂主
師親是也又習学スヘキ物三アリ所謂儒外内
是也儒家ニハ三皇五帝三王此等ヲ天尊ト号
諸臣ハ頭身万民ノ橋梁也三皇已前ハ父ヲシラ
ス人皆禽獣ニ同ス五帝已後ハ父母ヲ弁テ孝ヲ
イタス所謂重華ハカタクナハシキ父ヲウヤマヒ沛

『開目抄《かいもくしょう》』（写本）

国中平《くになかへい》野《や》と塚原跡《つかはらあと》（佐渡市目黒町）

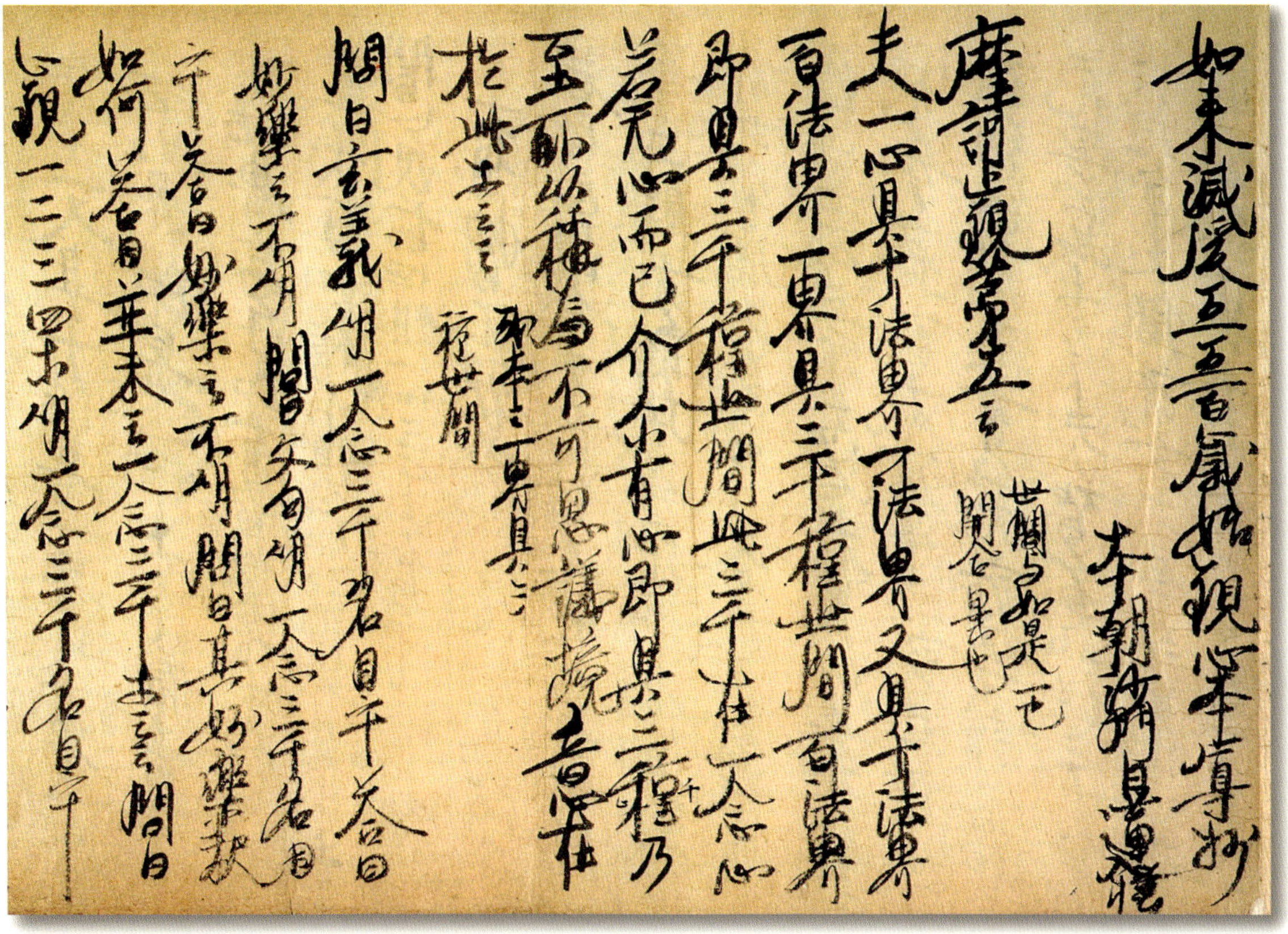

日蓮大聖人御真蹟《ごしんせき》『観心本尊抄《かんじんのほんぞんしょう》』（中山法華経寺蔵）

『観心本尊抄《かんじんのほんぞんしょう》』は、翌文永《ぶんえい》十（一二七三）年四月二十五日、一谷《いちのさわ》において著《あらわ》された。この書は、末法《まっぽう》の初めに御《ご》本仏《ほんぶつ》日蓮大聖人が出現し、一切衆生《いっさいしゅじょう》のために寿量文底《じゅりょうもんてい》下《げ》種《しゅ》の本尊を顕示《けんじ》されることを明かした「法本尊開顕《ほうほんぞんかいけん》の書」である。

一谷《いちのさわ》付近（佐渡市市野沢）

赦《しゃ》免《めん》

赦免《しゃめん》の前兆《ぜんちょう》である白頭《はくとう》の烏《からす》の飛来《ひらい》

文永《ぶんえい》十一（一二七四）年二月、時機《じき》の熟《じゅく》したことを感じられた日蓮大聖人は、近くの山に登り、諸天に強く諫暁《かんぎょう》された。大聖人の一念《いちねん》は法界《ほうかい》を動かし、古来《こらい》、流罪赦免《るざいしゃめん》の前兆《ぜんちょう》といわれる白頭《はくとう》の烏《からす》の出現を喚起《かんき》した。

執権北条時宗《しっけんほうじょうときむね》は同月十四日、大聖人に対し赦免状《しゃめんじょう》を発《はっ》し、その書状は翌三月八日、佐渡に到着《とうちゃく》した。

五日後の三月十三日、大聖人は一谷《いちのさわ》を発《た》ち、翌日、真浦《まうら》の津《つ》から出帆《しゅっぱん》された。そして同月二十六日、鎌倉に帰着《きちゃく》された。

佐渡の人々への思い

日蓮大聖人は、二年五カ月に及ぶ過酷《かこく》な流罪生活《るざいせいかつ》を終《お》えられ、鎌倉へと帰られることになった。

佐渡在島中、弟子檀越《でしだんのつ》となり、大聖人を陰《かげ》で支《ささ》えた阿仏房夫妻《あぶつぼうふさい》や国府入道《こうにゅうどう》夫妻らとの別れを惜《お》しまれた大聖人は、『国府尼御前御書《こうあまごぜんごしょ》』に「さればつら《辛》かりし国なれども、そり《剃》たるかみ《髪》をうしろ《後》へひかれ、すゝ《進》むあし《足》もかえりしぞかし」と、その心情《しんじょう》を吐露《とろ》されている。

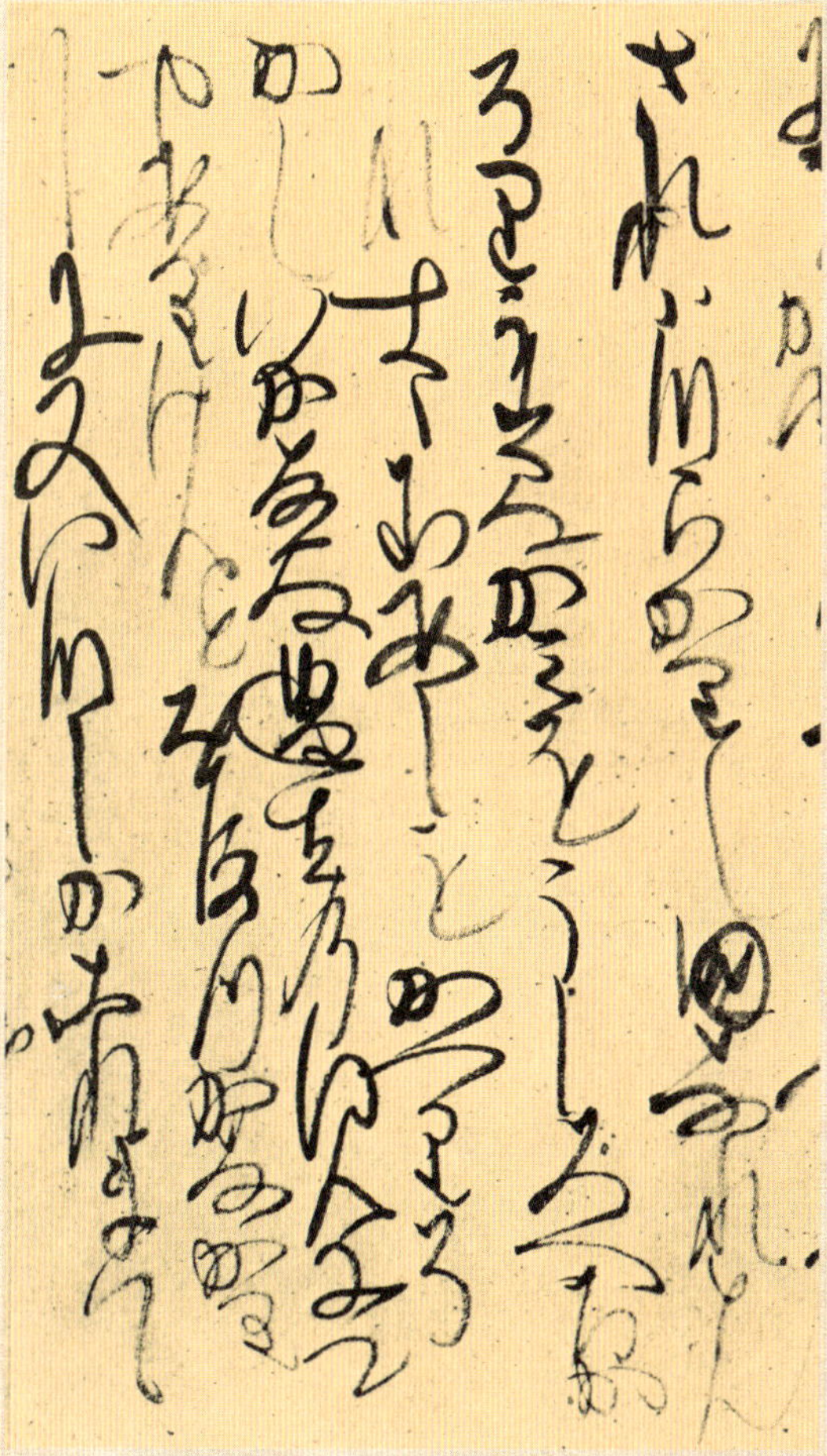

日蓮大聖人御真蹟《ごしんせき》『国府尼御前御書《こうあまごぜんごしょ》』（中山法華経寺蔵）

大聖人が出帆《しゅっぱん》された真浦《まうら》の津《つ》（佐渡市真浦）

六　身延《みのぶ》入山《にゅうざん》と門下《もんか》の育成《いくせい》

日蓮大聖人《にちれんだいしょうにん》は、佐渡配流赦免《さどはいるしゃめん》ののち鎌倉に戻《もど》り、三度目の国諫《こっかん》をされたが、聞き入れられなかったため隠棲《いんせい》を決意《けつい》された。

その後、身延《みのぶ》に入山《にゅうざん》され、多くの御書《ごしょ》を著《あらわ》し、弟子信徒《でししんと》の育成《いくせい》に努《つと》められた。

身延より富士山を望む（山梨県身延町）

第《だい》三《さん》の国《こっ》諫《かん》

鎌倉に帰られた日蓮大聖人は、文永《ぶんえい》十一（一二七四）年四月八日、平左衛門尉頼綱《へいのさえもんのじょうよりつな》をはじめとする幕《ばく》府《ふ》の要人《ようじん》と対面《たいめん》された。これを第三の国諫《こっかん》という。

このとき大聖人は、頼綱の質問に対し諸宗では成《じょう》仏《ぶつ》できないこと、蒙古《もうこ》は今年中に必ず襲来《しゅうらい》することを断言《だんげん》し、早く正法《しょうぼう》に帰依《きえ》するよう諫言《かんげん》された。しかし、頼綱はこれを聞き入れることはなかった。

頼綱《よりつな》を諌暁《かんぎょう》する大聖人

三度《さんど》の高名《こうみょう》

三度の高名とは、日蓮大聖人が為政者《いせいしゃ》に対して行《おこな》った三度の諌暁《かんぎょう》をいう。『撰時抄《せんじしょう》』に「余《よ》に三度のこうみょうあり」と述べられている。

一度目は、文応《ぶんおう》元（一二六〇）年七月十六日、当時の最高権力者《さいこうけんりょくしゃ》北条時頼《ほうじょうときより》に『立正安国論《りっしょうあんこくろん》』を奏呈《そうてい》されたこと。

二度目は、文永《ぶんえい》八（一二七一）年九月十二日、草庵《そうあん》を襲《おそ》い、大聖人を捕縛《ほばく》した平左衛門尉頼綱《へいのさえもんのじょうよりつな》を諌暁《かんぎょう》されたこと。

三度目は、佐渡《さど》配流《はいる》赦免《しゃめん》ののち、再び平左衛門尉頼綱と対面《たいめん》し、諌暁されたことをいう。

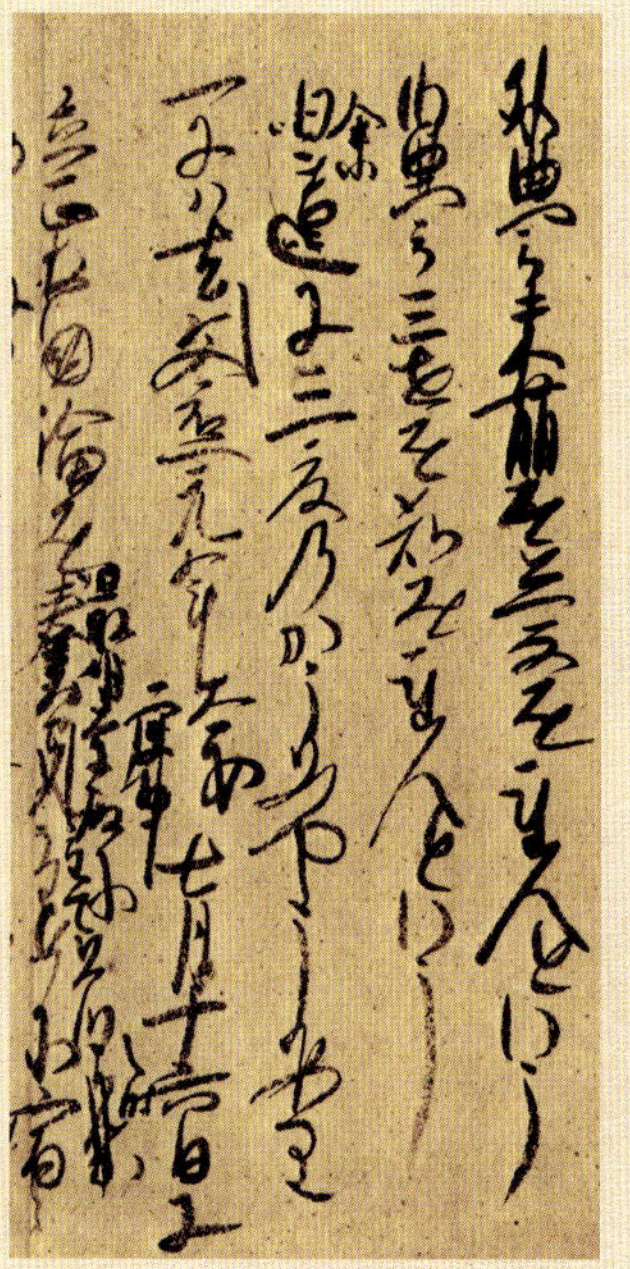

日蓮大聖人御真蹟《ごしんせき》『撰時抄《せんじしょう》』（玉沢妙法華寺蔵）

身延入山《みのぶにゅうざん》

日蓮大聖人は「三度国《みたびくに》を諫《いさ》むるに用《もち》いずば山林《さんりん》にまじわれ」との故事《こじ》にならって隠栖《いんせい》を決意された。

大聖人は、日興上人の勧《すす》めによって、文永《ぶんえい》十一（一二七四）年五月十二日に鎌倉を出発し、同月十七日に甲斐国《かいのくに》身延《みのぶ》（山梨県身延町）に入山《にゅうざん》された。

身延の地頭波木井実長《じとうはきりさねなが》は、日興上人《にっこうしょうにん》の教化《きょうけ》による信徒《しんと》であった。

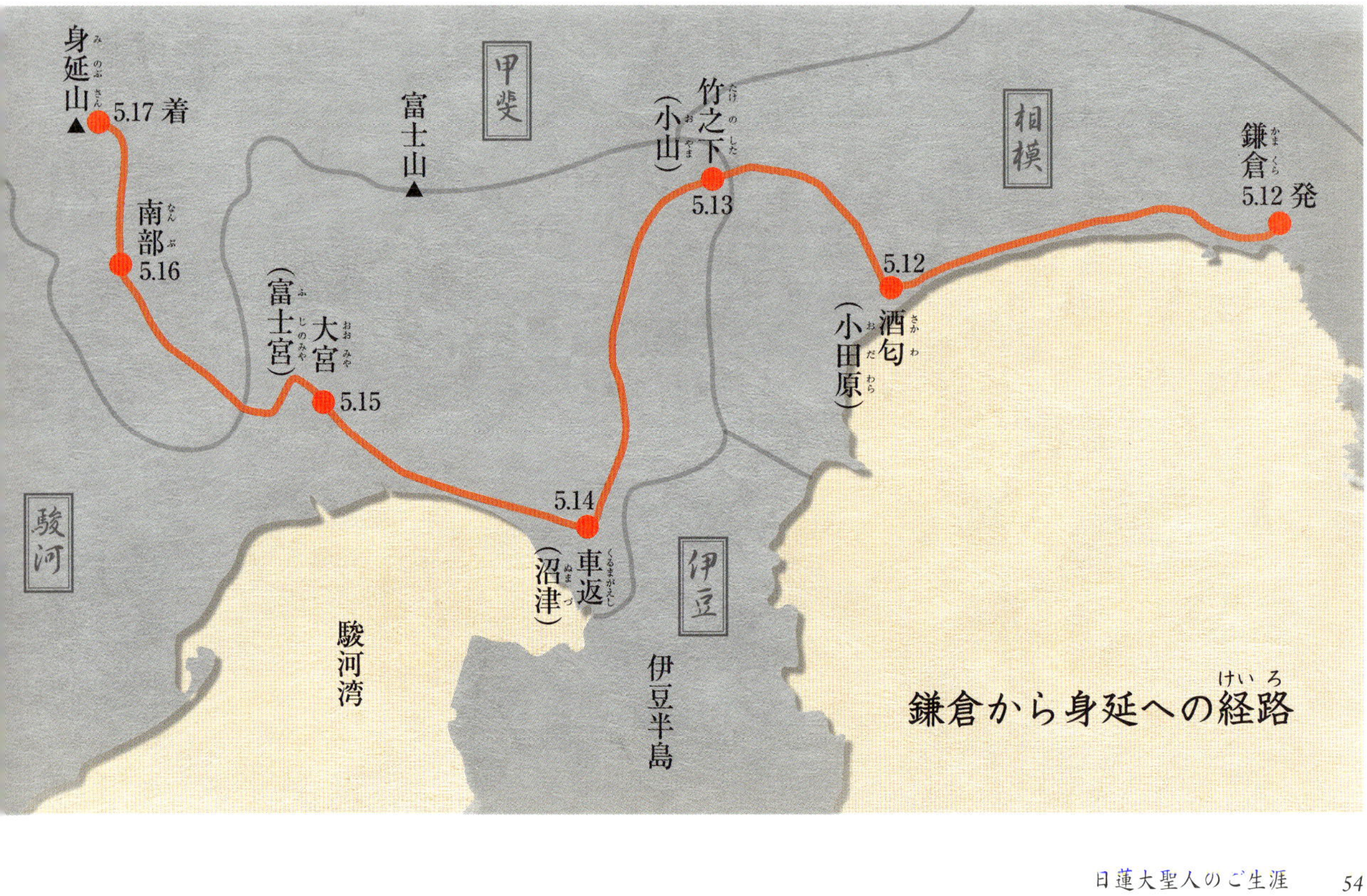

鎌倉から身延への経路《けいろ》

草庵《そうあん》の様子

身《み》延《のぶ》の草《そう》庵《あん》

身延の草庵は、四方《しほう》を天子ヶ岳《てんしがたけ》、七面山《しちめんざん》、鷹取山《たかとりやま》、身延山《みのぶさん》に囲《かこ》まれ、さらに富士川《ふじかわ》、早川《はやかわ》、波木井川《はきいかわ》、身《み》延川《のぶかわ》に挟《はさ》まれた狭隘《きょうあい》な土地に建《た》てられていた。

日蓮大聖人は『種々御振舞御書《しゅじゅおふるまいごしょ》』に「昼は日をみず、夜は月を拝せず。冬は雪深く、夏は草茂り、問う人希《まれ》なれば道をふみわくることかたし」と記《しる》されている。

伝 草庵跡地《あとち》（山梨県身延町）

身延《みのぶ》でのご生活《せいかつ》

日蓮大聖人の身延でのご生活は、冬は寒《さむ》く、衣食《いしょく》に事欠《ことか》く状況《じょうきょう》であった。

大聖人は「雪を食として命をつなぎ、蓑《みの》をきて寒さをしのいでいる。山で木《こ》の実《み》が採《と》れない時は二、三日を空腹《くうふく》のまま過《す》ごし、着ている鹿皮《しかがわ》が破《やぶ》れてしまえば着るものもなく、三、四カ月を過ごす状態《じょうたい》である」（単衣抄《ひとえぎぬしょう》）と記《しる》されている。

信徒《しんと》からの御供養《ごくよう》の品々《しなじな》があったとはいえ、多くの弟子《でし》たちを養《やしな》うには充分《じゅうぶん》ではなく、たいへん質素《しっそ》なご生活であった。

身延の日蓮大聖人のもとに御供養をお届《とど》けする南条時光《なんじょうときみつ》

門《もん》下《か》の育《いく》成《せい》

法華《ほっけ》読誦《どくじゅ》の音《こえ》　青天《せいてん》に響《ひび》き
一乗《いちじょう》談義《だんぎ》の言《ことば》　山中《さんちゅう》に聞《き》こゆ
（忘持経事《ぼうじきょうじ》）

日蓮大聖人は身延《みのぶ》において、法華経の深義《じんぎ》や重要法門《じゅうようほうもん》を教授《きょうじゅ》され、門下の育成に努《つと》められた。

当時の様子について、大聖人は「今年一百余人《いっぴゃくよにん》の人を山中《さんちゅう》に養《やしな》いて、十二時《じゅうにとき》の法華経を読ましめ談義《だんぎ》して候《そうろう》ぞ」（曽谷殿御返事《そやどのごへんじ》）と記《しる》されている。

また、大聖人の御書《ごしょ》は、現在、五百余篇《よへん》が伝えられているが、そのうちの三百余篇は身延に住《じゅう》された九カ年の間に著《あらわ》されたものである。

弟子たちに講義《こうぎ》をされる大聖人

七 熱《あつ》原《わら》法《ほう》難《なん》と本《ほん》門《もん》戒《かい》壇《だん》の大《だい》御《ご》本《ほん》尊《ぞん》

熱原《あつわら》付近《ふきん》（静岡県富士市）

日蓮大聖人《にちれんだいしょうにん》は、熱原法難《あつわらほうなん》において不惜《ふしゃく》身命《しんみょう》の信仰《しんこう》を貫《つらぬ》いた農民信徒《のうみんしんと》の赤誠《せきせい》を機《き》縁《えん》として、出世《しゅっせ》の本懐《ほんがい》である本門戒壇《ほんもんかいだん》の大御本尊《だいごほんぞん》をご図顕《ずけん》された。

日興《にっこう》上人《しょうにん》の富士《ふじ》弘教《ぐきょう》

日蓮大聖人が身延に在山中《ざいざんちゅう》、日興上人はお給仕《きゅうじ》のかたわら、駿河国《するがのくに》（静岡県）富士方面《ふじほうめん》の弘教《ぐきょう》に精励《せいれい》された。

これによって、熱原滝泉寺《あつわらりゅうせんじ》などの僧侶《そうりょ》や多くの農民が日蓮大聖人の教えに帰依《きえ》した。

富士方面を弘教《ぐきょう》される日興上人

熱《あつ》原《わら》法《ほう》難《なん》

襲撃《しゅうげき》を受ける熱原信徒

日興上人《にっこうしょうにん》の富士《ふじ》弘教《ぐきょう》に対し、滝泉寺《りゅうせんじ》の院主代行智《いんじゅだいぎょうち》らは奸計《かんけい》をめぐらし、日蓮大聖人の仏法《ぶっぽう》を信ずる熱原の人々に迫害《はくがい》を加えた。

弘安《こうあん》二（一二七九）年になると、行智らによる迫害はますます強まり、その策謀《さくぼう》によって、農民信徒二十人が捕《と》らえられ、稲《いね》を不法《ふほう》に刈《か》り取ったという刈田狼藉《かりたろうぜき》の罪《つみ》を着《き》せられて鎌倉に送られた。

熱原法難関連略図

三《さん》烈《れっ》士《し》の殉《じゅん》教《きょう》

改宗《かいしゅう》を迫《せま》られる熱原信徒

熱原《あつわら》における迫害《はくがい》の急報《きゅうほう》を受けた日蓮大聖人は、直《ただ》ちに『滝泉寺申状《りゅうせんじもうしじょう》』をしたためて、問注《もんちゅう》に備《そな》えられた。

平左衛門尉頼綱《へいのさえもんのじょうよりつな》とその息子《むすこ》飯沼判官《いいぬまはんがん》は、熱原信徒《あつわらしんと》に蟇目《ひきめ》の矢《や》で拷問《ごうもん》を加《くわ》え、改宗《かいしゅう》を迫《せま》ったが、彼らはそれに屈《くっ》することなく題目《だいもく》を唱《とな》え続けた。これに業《ごう》を煮《に》やした頼綱は、神四郎《じんしろう》・弥五郎《やごろう》・弥六郎《やろくろう》の農民《のうみん》信徒三人を斬首刑《ざんしゅけい》に処《しょ》した。

蟇目《ひきめ》の矢《や》

矢の先端部分《せんたんぶぶん》に、鏃《やじり》のかわりに穴《あな》をあけた鏑《かぶら》を取《と》り付《つ》けたもの。蟇目の名の由来《ゆらい》は、鏑にあけられた穴が蟇蛙《ひきがえる》の目に似《に》ていることによる。穴から風が入って音を発《はっ》するので、妖魔《ようま》を降伏《ごうぶく》するとされる。

熱原法難《あつわらほうなん》の十四年後、平左衛門尉頼綱《へいのさえもんのじょうよりつな》父子《ふし》は謀反《むほん》を起《お》こして誅殺《ちゅうさつ》され、一族《いちぞく》が滅亡《めつぼう》した。これは法華《ほっけ》の現罰《げんばち》である。

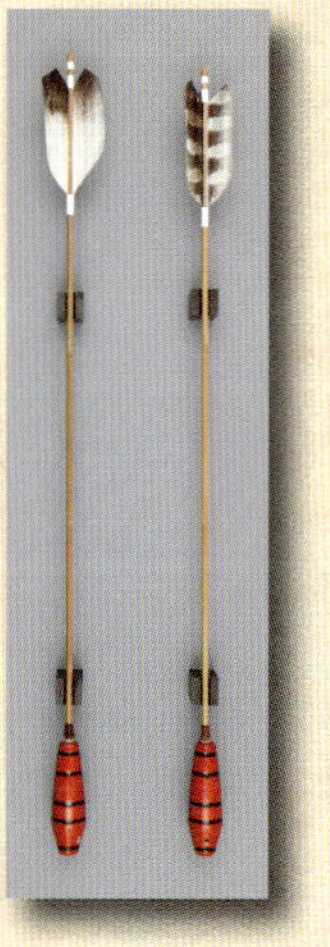

熱原三烈士《あつわらさんれっし》の顕彰碑《けんしょうひ》（総本山大石寺内）

出世《しゅっせ》の本懐《ほんがい》
―本門《ほんもん》戒壇《かいだん》の大御本尊《だいごほんぞん》ご図顕《ずけん》―

出世《しゅっせ》の本懐《ほんがい》を遂《と》げられた日蓮大聖人

日蓮大聖人は、熱原農民信徒《あつわらのうみんしんと》の不自惜身命《ふじしゃくしんみょう》の信仰《しんこう》を機縁《きえん》として、弘安《こうあん》二（一二七九）年十月十二日、楠《くすのき》の厚《あつ》く大きな板《いた》に妙法の漫荼羅《まんだら》をしたためられ、弟子《でし》の和泉公日法《いずみこうにっぽう》に彫刻《ちょうこく》を命《めい》じ、出世の本懐である大御本尊《だいごほんぞん》を建立《こんりゅう》された。

この御本尊は、大聖人が『経王殿御返事《きょうおうどのごへんじ》』に「日蓮がたましい《魂》をすみ《墨》にそめながしてかきて候《そうろう》ぞ、信じさせ給《たま》え」と仰せられた人法一箇《にんぽういっか》の究極《きゅうきょく》の御本尊である。

また、広宣流布《こうせんるふ》の暁《あかつき》に本門寺《ほんもんじ》の戒壇《かいだん》に安置《あんち》されるゆえに、本門戒壇の大御本尊と称《しょう》される。

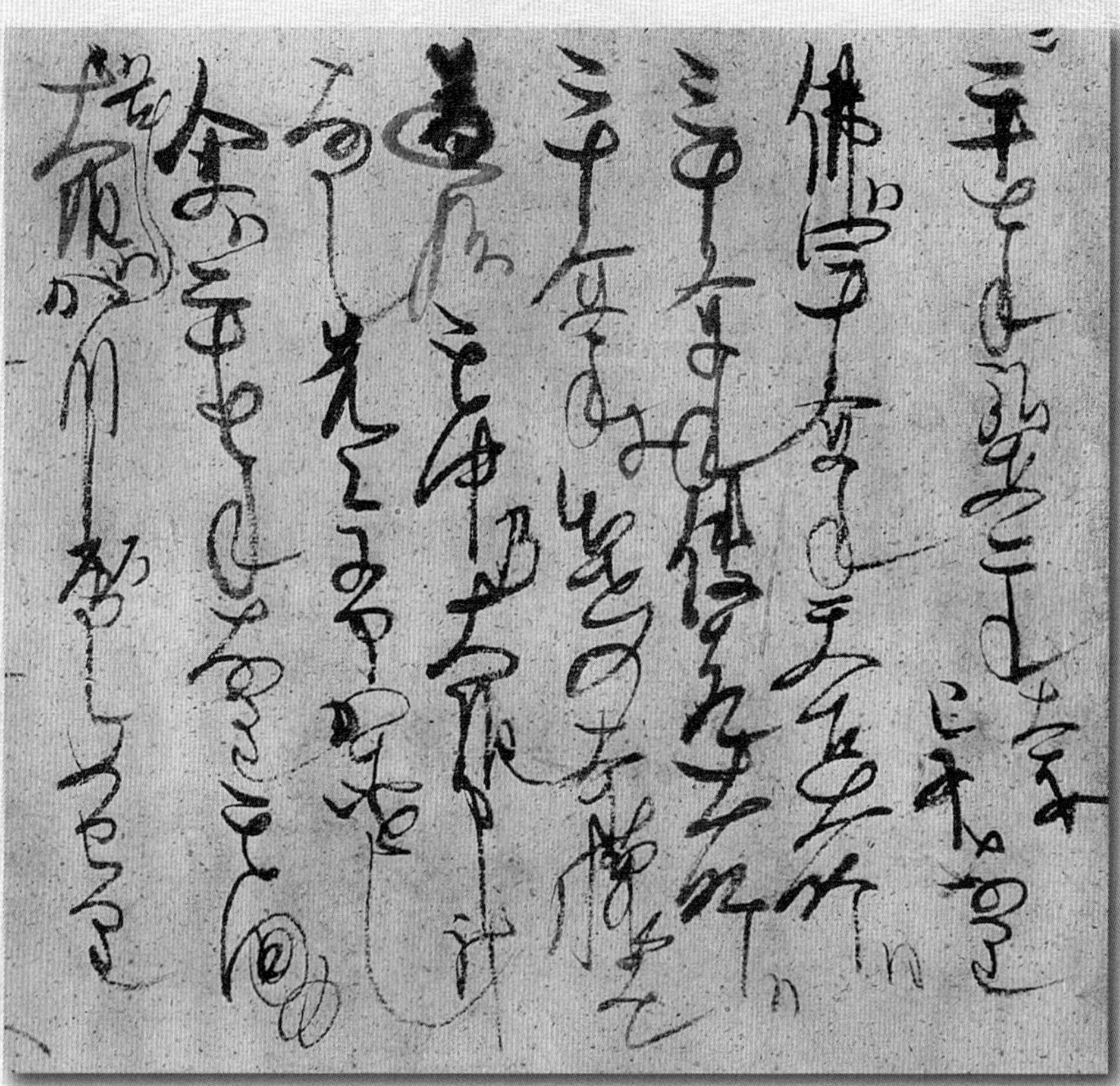

日蓮大聖人御真蹟《ごしんせき》『聖人御難事《しょうにんごなんじ》』（中山法華経寺蔵）

出世《しゅっせ》の本懐《ほんがい》

出世の本懐とは、仏菩薩《ぶつぼさつ》等がこの世に出現した真《しん》の目的《もくてき》のこと。

日蓮大聖人は、弘安《こうあん》二（一二七九）年十月一日に著《あらわ》された『聖人御難事《しょうにんごなんじ》』に、ご自身《じしん》の出世の本懐について「余《よ》は二十七年なり」と明《あ》かされ、宗《しゅう》旨《し》建立《こんりゅう》の建長《けんちょう》五（一二五三）年より二十七年目に当《あ》たるこのときに、出世の本懐を遂《と》げられる旨《むね》を記《しる》されている。

八　血《けち》脈《みゃく》相《そう》承《じょう》とご入《にゅう》滅《めつ》

満開《まんかい》の桜と富士山（総本山大石寺）

血脈相承《けちみゃくそうじょう》とは、仏法《ぶっぽう》が師匠《ししょう》から弟子《でし》へと正《ただ》しく受《う》け継《つ》がれていくことを、親子《おやこ》の血筋《ちすじ》の継承《けいしょう》に譬《たと》えた仏教語《ぶっきょうご》である。

日蓮大聖人《にちれんだいしょうにん》は、数多《あまた》の弟子の中から日興上人《にっこうしょうにん》ただお一人《ひとり》を後継者《こうけいしゃ》と定《さだ》め、仏法のすべてを付嘱《ふぞく》され、弘安《こうあん》五（一二八二）年十月十三日、安祥《あんじょう》として入《にゅう》滅《めつ》された。

身《み》延《のぶ》でのご付《ふ》嘱《ぞく》

身延《みのぶ》でのご付嘱《ふぞく》

日蓮大聖人は、日興上人《にっこうしょうにん》に金口嫡々《こんくちゃくちゃく》・唯授一人《ゆいじゅいちにん》の血脈相承《けちみゃくそうじょう》の証として、弘安《こうあん》五（一二八二）年九月、『日蓮一期弘法付嘱書《にちれんいちごぐほうふぞくしょ》』を授《さず》けられた。

この書には、日興上人を本門弘通《ほんもんぐずう》の大導師《だいどうし》と定《さだ》め、門下《もんか》を統率《とうそつ》し正法正義《しょうぼうしょうぎ》を後世《こうせい》に伝《つた》えて、富士山に本門寺《ほんもんじ》の戒壇《かいだん》を建立《こんりゅう》するようご遺命《ゆいめい》されている。

同年九月八日、健康を損《そこ》なわれていた大聖人は、弟子《でし》たちの熱心《ねっしん》な勧《すす》めによって、湯治《とうじ》のため常陸《ひたち》へ向かうことにされた。日興上人をはじめとする門弟《もんてい》たちに護《まも》られて、身延《みのぶ》の地を出発された大聖人は、九月十八日、武蔵国《むさしのくに》（東京都大田区）池上宗仲邸《いけがみむねなかてい》に到着《とうちゃく》された。

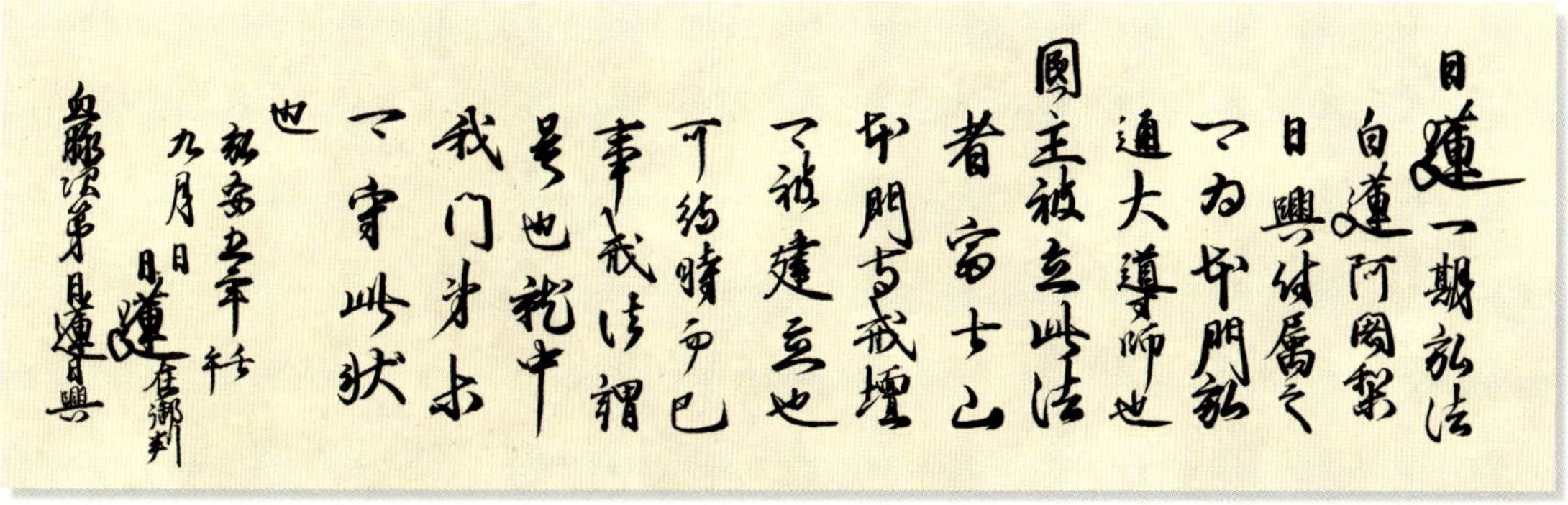

日蓮一期弘法 白蓮阿闍梨 日興付属之 可為本門弘 通大導師也 国主被立此法 者富士山 本門寺戒壇 可被建立也 可待時耳 事戒法謂 是也就中 我門弟等 可守此状 也
弘安五年壬午 九月日 日蓮在御判
血脈次第 日蓮日興

『日蓮《にちれん》一期《いちご》弘法《ぐほう》付嘱書《ふぞくしょ》』写本

〔書《か》き下《くだ》し〕

日蓮一期《にちれんいちご》の弘法《ぐほう》、白蓮《びゃくれん》阿闍梨日興《あじゃりにっこう》に之《これ》を付嘱《ふぞく》す、本門《ほんもん》弘通《ぐずう》の大導師《だいどうし》たるべきなり。国主《こくしゅ》此《こ》の法《ほう》を立《た》てらるれば、富士山《ふじさん》に本門寺《ほんもんじ》の戒壇《かいだん》を建立《こんりゅう》せらるべきなり。時《とき》を待《ま》つべきのみ。事《じ》の戒法《かいほう》と謂《い》ふは是《これ》なり。就中《なかんずく》我《わ》が門弟等《もんていら》此《こ》の状《じょう》を守《まも》るべきなり。

弘安《こうあん》五年壬午《みずのえうま》九月日

日蓮 花押《かおう》

血脈《けちみゃく》の次第《しだい》 日蓮日興

門弟《もんてい》に護《まも》られ身延《みのぶ》を出発《しゅっぱつ》される日蓮大聖人

池《いけ》上《がみ》でのご付《ふ》嘱《ぞく》

池上《いけがみ》でのご付嘱《ふぞく》

日蓮大聖人は、弘安《こうあん》五（一二八二）年十月八日、本弟子《ほんでし》六人を選定《せんてい》し、さらに同月十三日、ご入滅《にゅうめつ》を前に『身延山付《みのぶさんふ》嘱書《ぞくしょ》』をもって、日興上人《にっこうしょうにん》を身延山《みのぶさん》久遠《くおん》寺《じ》の別当《べっとう》（一山《いっさん》の統括者《とうかつしゃ》）と定《さだ》められた。

『身延山付嘱書』には、血脈付法《けちみゃくふほう》の日興上人に随《したが》わない門弟《もんてい》や檀越《だんのつ》は、大聖人の仏法《ぶっぽう》に背《そむ》く非法《ひほう》の衆《しゅ》、謗法《ほうぼう》の輩《やから》であると、厳《きび》しく誡《いまし》められている。

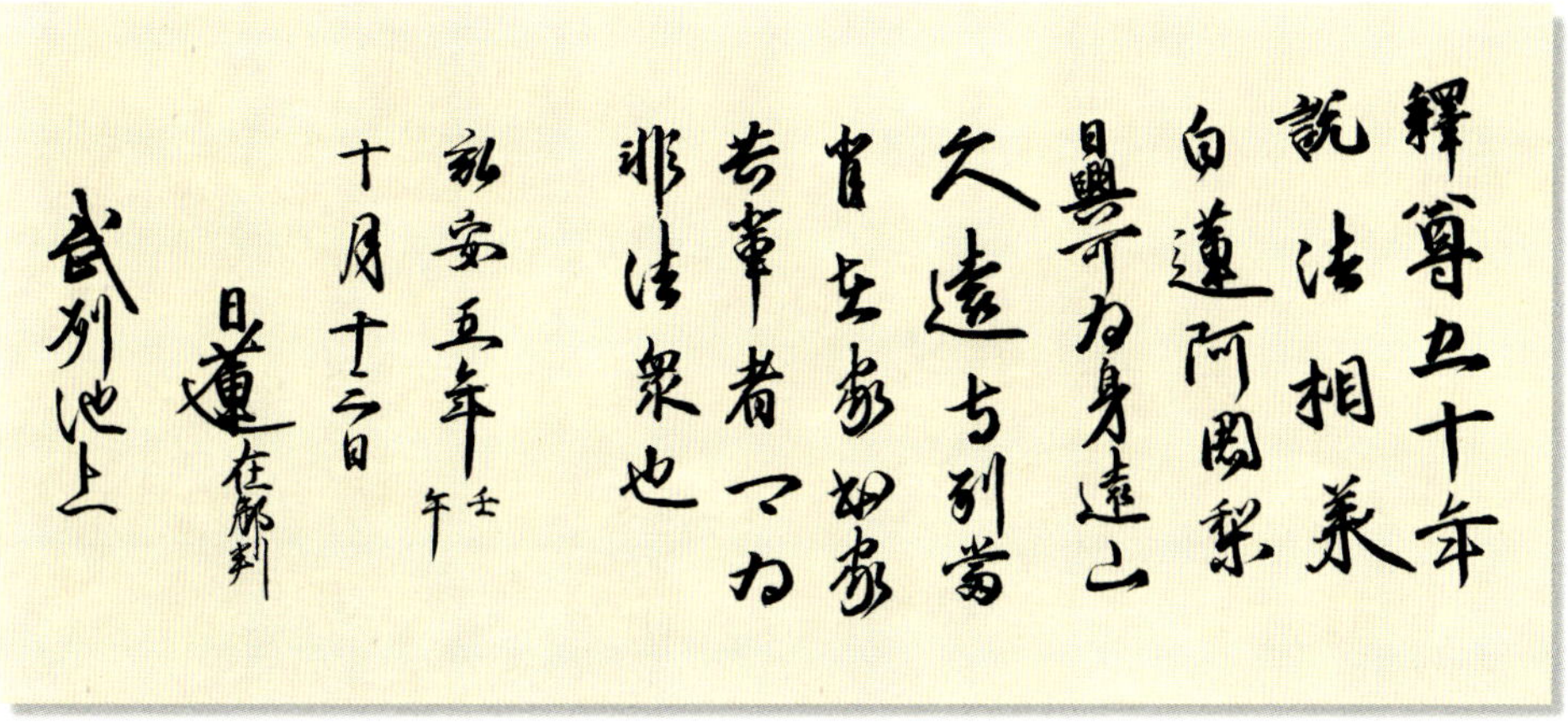
釋尊五十年
説法相承
白蓮阿闍梨
日興可為身延山
久遠寺別當
也背在家
出家共輩者可為
非法衆也
弘安五年壬午
十月十三日
日蓮在御判
武州池上

『身延山付嘱書《みのぶさんふぞくしょ》』写本

〔書《か》き下《くだ》し〕

釈尊《しゃくそん》五十年の説法《せっぽう》、白蓮阿闍梨日興《びゃくれんあじゃりにっこう》に相承《そうじょう》す。身延山久遠寺《みのぶさんくおんじ》の別当《べっとう》たるべきなり。背《そむ》く在家《ざいけ》出家《しゅっけ》共《ども》の輩《やから》は非法《ひほう》の衆《しゅ》たるべきなり。

弘安《こうあん》五年壬午《みずのえうま》

十月十三日

日蓮花押《かおう》

武州《ぶしゅう》池上《いけがみ》

『立正安国論《りっしょうあんこくろん》』のご講義《こうぎ》

弘安《こうあん》五（一二八二）年九月十八日、武蔵国池上宗仲邸《むさしのくにいけがみむねなかてい》に到着《とうちゃく》された日蓮大聖人は、同月二十五日から弟子檀越《でしだんのつ》に対して『立正安国論』の講義をされた。これは門下一同《もんかいちどう》に対し、身軽法重《しんきょうほうじゅう》・死身弘法《ししんぐほう》の精神《せいしん》をもって、広宣流布《こうせんるふ》の実現《じつげん》に向かって精進《しょうじん》せよ、との意《い》が込《こ》められている。これによって古来《こらい》、「大聖人のご生涯《しょうがい》は立正安国論にはじまって立正安国論に終わる」といわれる。

『立正安国論』の講義をされる大聖人

ご入滅《にゅうめつ》

弟子檀那《でしだんな》の見守るなか安祥《あんじょう》としてご入滅《にゅうめつ》された日蓮大聖人

日蓮大聖人は、弘安《こうあん》五（一二八二）年十月十三日、辰《たつ》の刻《こく》（午前八時ごろ）、御年《おんとし》六十一歳《さい》をもって安祥《あんじょう》としてご入滅《にゅうめつ》された。

このとき大地《だいち》が震動《しんどう》し、初冬《しょとう》にもかかわらず桜の花が一斉《いっせい》に咲《さ》いたと伝《つた》えられている。

大聖人のご入滅は単《たん》なる寂滅《じゃくめつ》の相《そう》ではない。御本仏《ごほんぶつ》日蓮大聖人が、そのご法魂《ほうこん》を本門戒壇《ほんもんかいだん》の大御本尊《だいごほんぞん》として留《と》められ、永遠《えいえん》に衆生《しゅじょう》を救済《きゅうさい》されるという不滅《ふめつ》の滅《めつ》の妙相《みょうそう》を現《あらわ》されたものである。

葬儀《そうぎ》の一切《いっさい》は、血脈付法《けちみゃくふほう》の大導師《だいどうし》日興上人《にっこうしょうにん》が指揮《しき》を執《と》られた。

その後、日興上人は初七日忌《しょしちにちき》の法要《ほうよう》を修《しゅう》し、同月二十一日早朝《そうちょう》、ご遺骨《いこつ》を捧持《ほうじ》して池上《いけがみ》を発《た》ち、同月二十五日に身延《みのぶ》へ帰山《きさん》された。

葬列《そうれつ》の様子

『宗祖御遷化記録《しゅうそごせんげきろく》』

この書は、日興上人が日蓮大聖人の葬儀《そうぎ》の様子などを記録《きろく》として残されたものである。

ここには、大聖人の主《おも》なご事蹟《じせき》やご入滅直前《にゅうめつちょくぜん》の本弟子《ほんでし》六人の選定《せんてい》、ご所持《しょじ》の一体仏《いったいぶつ》や経典《きょうてん》に関するご遺言《ゆいごん》なども記《しる》されている。

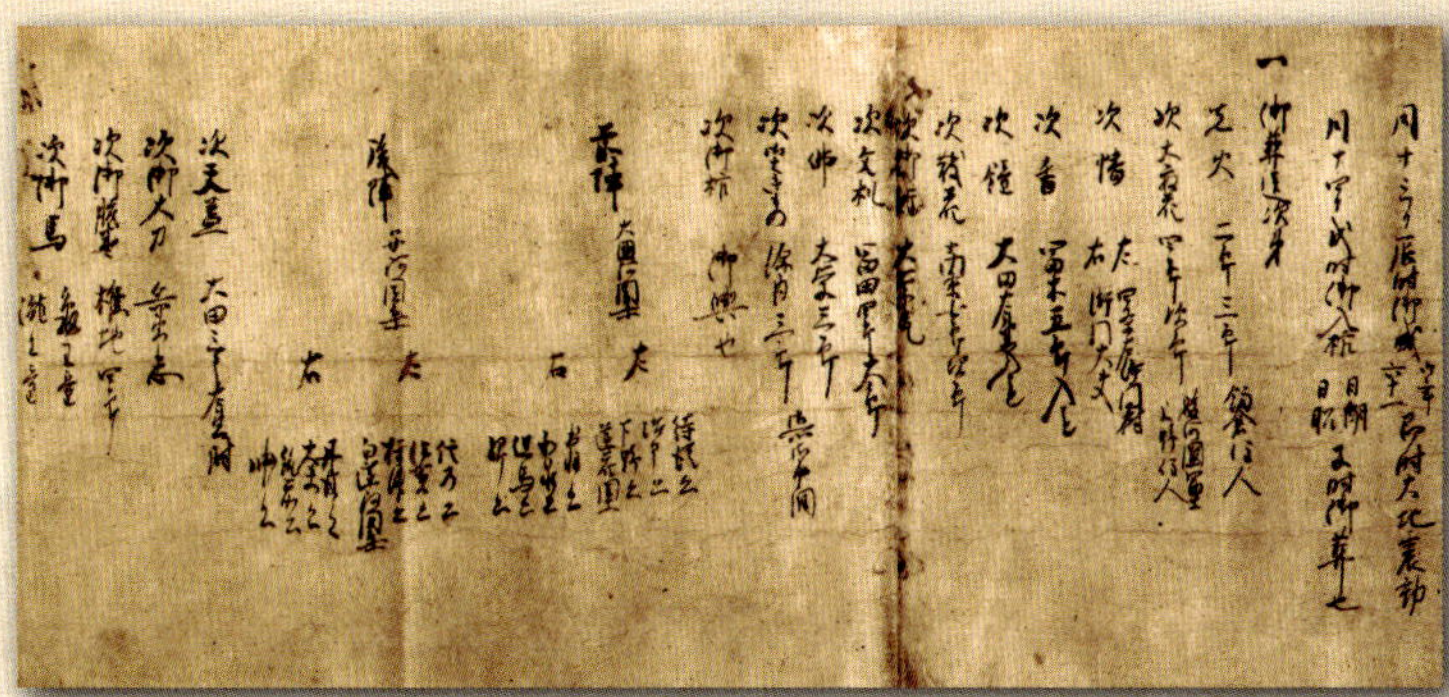

日興上人筆『宗祖御遷化記録』（西山本門寺蔵）

日蓮大聖人略年表

宗旨建立以前

年月日	年齢	事項
貞応元（1222）年2月16日	1歳	安房国東条郷片海《あわのくにとうじょうのごうかたうみ》に誕生し、幼名を善日麿《ぜんにちまろ》と称《しょう》する
天福元（1233）年春	12歳	安房国清澄寺《せいちょうじ》に登る
嘉禎3（1237）年	16歳	道善房《どうぜんぼう》について得度し、是聖房蓮長《ぜしょうぼうれんちょう》と名乗る
仁治2（1241）年	20歳	鎌倉鶴岡八幡宮《かまくらつるがおかはちまんぐう》において一切経《いっさいきょう》を閲覧《えつらん》する
仁治3（1242）年	21歳	比叡山《ひえいざん》に遊学する
寛元4（1246）年	25歳	園城寺《おんじょうじ》および南都《なんと》に遊学し、京《きょう》の泉涌寺《せんにゅうじ》を訪れる
宝治元（1247）年	26歳	薬師寺《やくしじ》において一切経を閲覧する
宝治2（1248）年	27歳	高野山《こうやさん》・園城寺等に遊学し、また京の東寺《とうじ》・仁和寺《にんなじ》に遊学する
建長元（1249）年	28歳	比叡山に帰り定光院《じょうこういん》に住する
建長2（1250）年	29歳	摂津国四天王寺《せっつのくにしてんのうじ》に遊学する
建長4（1252）年8月	31歳	比叡山を下り園城寺に遊学する
建長5（1253）年3月28日	32歳	清澄寺において宗旨建立《しゅうしこんりゅう》の内証《ないしょう》を宣示《せんじ》する
4月28日		清澄寺において説法し立教開宗《りっきょうかいしゅう》する
		名を日蓮《にちれん》と改め、父母を授戒《じゅかい》する
		鎌倉松葉《まつば》ヶ谷《がやつ》に草庵《そうあん》を構え弘教《ぐきょう》する
正嘉元（1257）年8月23日	36歳	大地震により、鎌倉の神社仏閣《ぶっかく》が一宇《いちう》も残さず倒壊《とうかい》する
正嘉2（1258）年	37歳	駿河国岩本実相寺《するがのくにいわもとじっそうじ》において一切経を閲覧する

鎌倉期

年月日	年齢	事項
文応元（1260）年	39歳	甲斐公《かいこう》（日興上人《にっこうしょうにん》）を弟子とし伯耆房《ほうきぼう》と名づける
2月14日		父貫名《ぬきな》次郎重忠《じろうしげただ》（妙日《みょうにち》）卒《そつ》
7月16日		立正安国論《りっしょうあんこくろん》を北条時頼《ほうじょうときより》に奏呈《そうてい》する〔第一国諌《だいいちこっかん》〕
8月27日		松葉ヶ谷の草庵が襲撃《しゅうげき》される〔松葉ヶ谷法難《ほうなん》〕
弘長元（1261）年5月12日	40歳	伊豆国伊東《いずのくにいとう》の川奈《かわな》に流される（日興上人お供《とも》）〔伊豆配流《はいる》〕
弘長3（1263）年2月22日	42歳	流罪《るざい》を赦免《しゃめん》され鎌倉に帰る
文永元（1264）年11月11日	43歳	安房国東条郷小松原《こまつばら》において地頭東条景信《じとうとうじょうかげのぶ》らに襲撃される〔小松原法難〕
文永4（1267）年8月15日	46歳	母梅菊《うめぎく》（妙蓮《みょうれん》）卒
文永5（1268）年閏1月18日	47歳	蒙古国《もうここく》の牒状《ちょうじょう》が鎌倉に着く
10月11日		十一通御書《じゅういっつうごしょ》を著《あらわ》し各所へ送る
文永8（1271）年7月	50歳	良観《りょうかん》らが大聖人《だいしょうにん》を幕府要人に讒言《ざんげん》する
9月10日		評定所《ひょうじょうしょ》に召《め》し出され、平左衛門尉頼綱《へいのさえもんのじょうよりつな》に対面する
9月12日		平左衛門尉頼綱に書状を送り再度反省を促《うなが》す
		松葉ヶ谷の草庵にて召し捕《と》られる
		平左衛門尉頼綱を諌《いさ》める〔第二国諌〕
		深夜、竜口《たつのくち》の刑場《けいじょう》へ護送《ごそう》される
		刑場への途上《とじょう》、鶴岡八幡宮に向かい八幡大菩薩《だいぼさつ》を諌暁《かんぎょう》する
		子丑《ねうし》の刻《こく》（午前0時～2時ごろ）、竜口において光り物の奇瑞《きずい》により斬首《ざんしゅ》を免《まぬか》れる〔竜口法難〕
9月13日		相模国依智《さがみのくにえち》の本間邸《ほんまてい》に送られる

佐渡期

9月13日		正午ごろ依智の本間邸に着く 夜に明星《みょうじょう》の奇瑞が現れる
10月10日		本間邸を発《た》ち佐渡《さど》に向かう（日興上人お供）〔佐渡配流〕
10月28日		佐渡に着く
11月1日		塚原《つかはら》の配所《はいしょ》（三昧堂《さんまいどう》）に入る
文永9（1272）年1月16〜17日	51歳	塚原にて諸宗《しょしゅう》の僧らと問答《もんどう》する〔塚原問答〕
		佐渡守護代本間重連《しゅごだいほんましげつら》に自界叛逆《じかいほんぎゃく》を予言《よげん》する
2月		開目抄《かいもくしょう》を著す
夏		一谷《いちのさわ》へ移居《いきょ》する
文永10（1273）年4月25日	52歳	観心本尊抄《かんじんのほんぞんしょう》を著す
文永11（1274）年2月14日	53歳	幕府が赦免状《しゃめんじょう》を発《はっ》す
3月8日		赦免状が佐渡に着く
3月13日		一谷を発つ（日興上人お供）
3月26日		鎌倉に着く
4月8日		平左衛門尉頼綱に対面し諫暁する〔第三国諫〕
5月12日		鎌倉を発ち同月17日甲斐国《かいのくに》波木井郷《はきいのごう》に着く
6月17日		身延沢《みのぶさわ》に庵室《あんしつ》が建つ
10月5日		蒙古来襲《らいしゅう》〔文永《ぶんえい》の役《えき》〕
建治元（1275）年6月10日	54歳	撰時抄《せんじしょう》を著す
建治2（1276）年7月21日	55歳	報恩抄《ほうおんしょう》を著す

身延期

弘安元（1278）年1月1日	57歳	就註《じゅちゅう》法華経《ほけきょう》口伝《くでん》（御義口伝《おんぎくでん》）の口述筆記《こうじゅつひっき》が完成する
3月19日		門弟《もんてい》に法華経の講義を始める〔御講聞書《おんこうききがき》〕
弘安2（1279）年9月21日	58歳	駿河国富士《ふじ》熱原《あつわら》の信徒20人が讒訴《ざんそ》により鎌倉に送られる
10月12日		本門戒壇《ほんもんかいだん》の大御本尊《だいごほんぞん》ご図顕《ずけん》〔出世《しゅっせ》の本懐《ほんがい》〕
10月15日		熱原信徒神四郎《じんしろう》・弥五郎《やごろう》・弥六郎《やろくろう》が斬首刑《ざんしゅけい》に処される
弘安4（1281）年5月21日	60歳	蒙古来襲〔弘安《こうあん》の役《えき》〕
弘安5（1282）年4月8日	61歳	三大秘法《さんだいひほう》稟承事《ほんじょうじ》を著す
9月		日興上人に日蓮一期《にちれんいちご》弘法《ぐほう》付嘱書《ふぞくしょ》を与え、本門弘通《ぐずう》の大導師《だいどうし》と定める
9月8日		身延を出山《しゅつざん》し、常陸《ひたち》の湯へ向かう
9月18日		武蔵国池上《むさしのくにいけがみ》に到着する
9月25日		弟子檀越《だんのつ》に対して立正安国論の講義を始める
10月8日		本弟子《ほんでし》六人（六老僧《ろくろうそう》）を定める
10月13日		日興上人に身延山《みのぶさん》付嘱書《ふぞくしょ》を与え、身延山久遠寺《くおんじ》の別当《べっとう》と定める
10月13日		辰《たつ》の刻（午前8時ごろ）池上宗仲邸《いけがみむねなかてい》にてご入滅《にゅうめつ》
10月14日		戌《いぬ》の刻（午後8時ごろ）入棺《にゅうかん》、子《ね》の刻（午前0時ごろ）葬送《そうそう》
10月16日		日興上人 宗祖《しゅうそ》御遷化《ごせんげ》記録《きろく》を記《しる》す
10月21日		日興上人 日蓮大聖人のご遺骨《いこつ》を捧持《ほうじ》し池上を発つ
10月25日		日興上人 身延に帰山《きさん》する

第二祖日興上人と大石寺

第二《だいに》祖《そ》日興上人《にっこうしょうにん》御《ご》画像《がぞう》（総本山大石寺蔵）

日興上人《にっこうしょうにん》のご事蹟《じせき》

富士《ふじ》の立義聊《りゅうぎいささか》も先師《せんし》の御弘通《ごぐずう》に違《い》せざる事《こと》

（日興遺誡置文《にっこうゆいかいおきもん》）

第二祖日興上人《にっこうしょうにん》は、寛元《かんげん》四（一二四六）年三月八日、甲斐国大井《かいのくにおおいの》庄鰍沢《しょうかじかざわ》（山梨県富士川町）に誕生された。

正嘉《しょうか》二（一二五八）年、日蓮大聖人の弟子《でし》となり、名を伯耆房《ほうきぼう》（のちに白蓮阿闍梨《びゃくれんあじゃり》日興）と称《しょう》された。

日興上人は、常に大聖人に随って給仕《きゅうじ》し、また各地《かくち》で弘教《ぐきょう》に励《はげ》まれた。

弘安《こうあん》五（一二八二）年、日興上人は大聖人より仏法《ぶっぽう》の一切《いっさい》を付《ふ》嘱《ぞく》され、身延山久遠寺《みのぶさんくおんじ》の別当《べっとう》となられた。しかし七年後、地頭波《じとうは》木井実長《きりさねなが》の不法《ふほう》により身延が謗法《ほうぼう》の山となったため、日興上人は大聖人の正義《しょうぎ》を護《まも》るために身延を離れ、翌年、富士上野《ふじうえの》（静岡県富士宮市）に大石寺《たいせきじ》を開創《かいそう》された。その後、重須《おもす》に学問所《がくもんじょ》を設《もう》けて移《うつ》り、弟子《でし》の育成《いくせい》に努《つと》められた。

元弘《げんこう》二（一三三二）年、日興上人は日目上人《にちもくしょうにん》を一閻浮提《いちえんぶだい》の座主《ざす》と定《さだ》め、翌元弘三年二月七日、八十八歳で入滅《にゅうめつ》された。

常《じょう》随《ずい》給《きゅう》仕《じ》と弘《ぐ》教《きょう》

大聖人を慕《した》い弟子《でし》入りを請《こ》う伯耆房《ほうきぼう》（日興上人）

日興上人は、日蓮大聖人が一切経《いっさいきょう》を閲覧《えつらん》されるため駿河国岩本《するがのくにいわもと》（静岡県富士市）の実相寺《じっそうじ》へ下向《げこう》されたおりに弟子《でし》となった。それ以来《いらい》、日興上人は、大聖人の弘長《こうちょう》元（一二六一）年の伊豆配流《いずはいる》や、文永《ぶんえい》八（一二七一）年の竜口法難《たつのくちほうなん》、それに続く佐渡配流《さどはいる》などにもお供《とも》をしている。

大聖人への常随給仕《じょうずいきゅうじ》のかたわら弘教《ぐきょう》に努められた日興上人は、伊豆や佐渡、また甲斐《かい》や富士方面にも教線《きょうせん》を拡大《かくだい》され、多くの僧侶《そうりょ》や信徒《しんと》を帰依《きえ》させた。

久遠寺《くおんじ》の別当《べっとう》就任《しゅうにん》

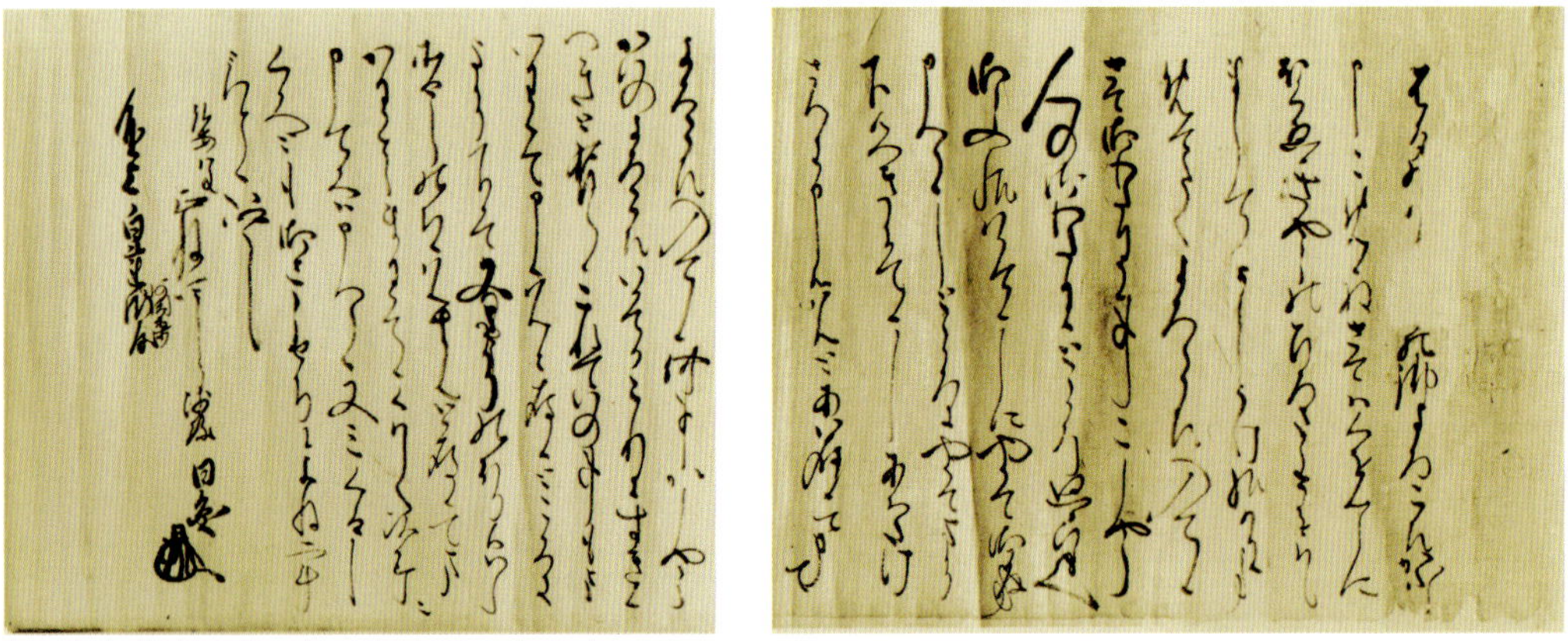

［文頭］
［文末］
『波木井日円状《はきりにちえんじょう》』（西山本門寺蔵）

日興上人《にっこうしょうにん》は、弘安《こうあん》五（一二八二）年十月二十五日、日蓮大聖人のご遺《い》骨《こつ》を捧持《ほうじ》して身延《みのぶ》に入られ、身延山《みのぶさん》久遠寺《くおんじ》の別当《べっとう》（一山《いっさん》の統括者《とうかつしゃ》）に就《つ》かれた。

地頭《じとう》の波木井実長《はきりさねなが》（日円《にちえん》）は、弘安八年の書状《しょじょう》に「日興上人によって身延における妙法《みょうほう》弘通《ぐずう》が盛《さか》んになったことを大変喜んでおります。日興上人が身延にいらっしゃることは故《こ》聖人《しょうにん》（日蓮大聖人）がいらっしゃることと同じであると思っております」（波木井日円状《はきりにちえんじょう》）と記《しる》している。

身延の沢《さわ》（山梨県身延町）

身延離山《みのぶりざん》

重宝《じゅうほう》を捧持《ほうじ》し身延《みのぶ》を離山《りざん》される日興上人

弘安《こうあん》八（一二八五）年春ごろ、日興上人《にっこうしょうにん》は、日蓮大聖人の本弟子《ほんでし》六人のひとり民部日向《みんぶにこう》が身延《みのぶ》に登山《とざん》してきたことを喜ばれ、日向を学頭職《がくとうしょく》に任《にん》じた。

しかし、日向は絵師《えし》に絵漫荼羅《えまんだら》を描《えが》かせるなど、次第《しだい》に不法《ふほう》の態度《たいど》を表《あらわ》すようになった。また、日向に惑《まど》わされた地頭波木井実長《じとうはきりさねなが》は、釈迦一体仏造立《しゃかいったいぶつぞうりゅう》・神社参詣《じんじゃさんけい》・福士《ふくし》の塔供養《とうくよう》・九品念仏《くほんねんぶつ》の道場建立《どうじょうこんりゅう》という四箇《しか》の謗法《ほうぼう》を犯《おか》すに至《いた》った。

日興上人は「地頭の不法ならん時は我も住むまじ」との大聖人のご遺言《ゆいごん》にしたがい、身延《みのぶ》の地を離れることを決意《けつい》され、正応《しょうおう》二（一二八九）年春、本門戒《ほんもんかい》壇《だん》の大御本尊《だいごほんぞん》をはじめ、一切《いっさい》の重宝《じゅうほう》を捧持《ほうじ》して身延を離山された。

日興上人は、一時《いちじ》、外祖父《がいそふ》である河合入道《かわいにゅうどう》の館《やかた》に逗留《とうりゅう》されたのち、大聖人ご在世《ざいせ》より篤信《とくしん》の士《し》であった富士上野《ふじうえの》の地頭南条時光《じとうなんじょうときみつ》の招請《しょうせい》に応《おう》じ、その館《やかた》に入られた。

この身延離山は、直接的には波木井実長の謗法が契機《けいき》となったが、その真意《しんい》は「富士山に本門寺《ほんもんじ》の戒《かい》壇《だん》を建立《こんりゅう》せらるべきなり」との大聖人のご遺命《ゆいめい》によるものであった。

大《たい》石《せき》寺《じ》開《かい》創《そう》

　富士上野《ふじうえの》の地に移《うつ》られた日興上人《にっこうしょうにん》は、地頭《じとう》南条時光《なんじょうときみつ》より大石ヶ原《おおいしがはら》の寄進《きしん》を受《う》けて、正応《しょうおう》三（一二九〇）年十月十二日、大石寺《たいせきじ》を開創《かいそう》され、万代《ばんだい》にわたる仏法流布《ぶっぽうるふ》の礎《いしずえ》を築《きず》かれた。

　大石寺が開創されるまでの間、日興上人はこの地にあった大石《おおいし》の上でしばしば説法《せっぽう》し、人々を教化《きょうけ》された。

日興上人説法石《せっぽういし》（高さ2.2メートル、大石寺境内）

堂宇《どうう》の完成《かんせい》を待《ま》つ日興上人と南条時光

大石寺《たいせきじ》開基《かいき》檀那《だんな》 南条時光《なんじょうときみつ》

南条時光は、正元《しょうげん》元（一二五九）年、南条兵衛七郎《ひょうえしちろう》の子として誕生した。七歳《さい》のときに父を亡《な》くし、以後、母と共《とも》に信仰《しんこう》に励《はげ》んだ。

若《わか》くして地頭《じとう》となった時光は、衣食《いしょく》の乏《とぼ》しいときも、身延《みのぶ》の日蓮大聖人のもとに何度も参詣《さんけい》し、御供養《ごくよう》の品々《しなじな》をお届《とど》けした。

とくに熱原法難《あつわらほうなん》の際《さい》は、富士一帯《ふじいったい》の信徒《しんと》の中心者として、弾圧《だんあつ》を受《う》けた人々を庇護《ひご》するなど献身的《けんしんてき》に活躍《かつやく》した。この功績《こうせき》に対し、大聖人は「上野賢人《うえのけんじん》」の称号《しょうごう》を贈《おく》られている。

大聖人のご入滅《にゅうめつ》後、時光は身延を離《り》山《ざん》された日興上人《にっこうしょうにん》をお迎《むか》えし、大石《おおいし》ヶ原《はら》を寄進《きしん》して大石寺の開創《かいそう》に尽力《じんりょく》した。

晩年《ばんねん》、入道《にゅうどう》となって大行《だいぎょう》と称《しょう》し、元《げん》弘《こう》二（一三三二）年五月一日、七十四歳の生涯《しょうがい》を閉《と》じた。

大石寺御影堂《みえいどう》

令《りょう》法《ぼう》久《く》住《じゅう》

日興上人《にっこうしょうにん》は、永年《ながねん》にわたり門弟《もんてい》の育成《いくせい》に心血《しんけつ》をそそぎ、元弘《げんこう》二（一三三二）年、『日興跡条々事《にっこうあとじょうじょうのこと》』に、

「一、日興《にっこう》が身《み》に宛《あ》て給《たま》わる所《ところ》の弘安《こうあん》二年《にねん》の大御本尊《だいごほんぞん》は、日目《にちもく》に之《これ》を相伝《そうでん》す。本門寺《ほんもんじ》に懸《か》け奉《たてまつ》るべし。

一、大石寺《たいせきじ》は御堂《みどう》と云《い》い墓所《むしょ》と云《い》い日目《にちもく》之《これ》を管領《かんりょう》し、修《しゅ》理《り》を加《くわ》え勤行《ごんぎょう》を致《いた》して広宣流布《こうせんるふ》を待《ま》つべきなり」

と記《しる》され、日目上人《にちもくしょうにん》に本門戒壇《ほんもんかいだん》の大御本尊《だいごほんぞん》を相伝《そうでん》し、広宣《こうせん》流布《るふ》の根本道場《こんぽんどうじょう》である大石寺《たいせきじ》を譲《ゆず》られた。

翌年《よくねん》正月、本宗《ほんしゅう》の信条《しんじょう》・化儀《けぎ》などを二十六カ条にまとめた『日興遺誡置文《にっこうゆいかいおきもん》』を定《さだ》めて、万代《ばんだい》にわたる門下《もんか》の指針《ししん》とし、正法《しょうぼう》を永《なが》く後世《こうせい》に伝《つた》える令法久住《りょうぼうくじゅう》に努《つと》められた。

日興上人略年表

寛元4（1246）年	3月8日	1歳	甲斐国《かいのくに》大井庄《おおいのしょう》鰍沢《かじかざわ》に誕生する
正嘉2（1258）年		13歳	日蓮大聖人《にちれんだいしょうにん》の弟子となり名を伯耆房《ほうきぼう》と賜る
弘長元（1261）年	5月12日	16歳	大聖人の伊豆《いず》配流《はいる》にお供する
文永8（1271）年	10月10日	26歳	大聖人の佐渡《さど》配流にお供する
弘安5（1282）年	9月	37歳	大聖人より日蓮一期弘法付嘱書《にちれんいちごぐほうふぞくしょ》を賜る
	10月13日		大聖人より身延山付嘱書《みのぶさんふぞくしょ》を賜る、辰の刻《たつのこく》（午前8時ごろ）大聖人ご入滅
	10月16日		宗祖御遷化記録《しゅうそごせんげきろく》を記す
	10月21日		大聖人のご遺骨を捧じて池上《いけがみ》を発《た》ち同月25日身延に入山する
弘安8（1285）年		40歳	身延に登山した日向《にこう》を学頭に任ずる
正応2（1289）年		44歳	波木井実長《はきりさねなが》（日円《にちえん》）の謗法《ほうぼう》を機として身延を離山し、富士上野《ふじうえの》の南条《なんじょう》家の館に入る
正応3（1290）年	10月12日	45歳	大石寺《たいせきじ》を開創する
	10月13日		日目上人《にちもくしょうにん》に唯授一人《ゆいじゅいちにん》の血脈《けちみゃく》を内付嘱して譲座本尊《じょうざほんぞん》を授与する
永仁6（1298）年	2月15日	52歳	重須《おもす》に御影堂《みえいどう》を建立して移る
元弘2（1332）年	11月10日	87歳	日目上人に日興跡条々事《にっこうあとじょうじょうのこと》を与え一閻浮提《いちえんぶだい》の座主と定める
元弘3（1333）年〔正慶2〕	1月13日	88歳	日興遺誡置文《にっこうゆいかいおきもん》二十六カ条を定める
	2月7日		重須《おもす》にて入滅

第三祖日目上人と広布への願業

第三《だいさん》祖《そ》日目上人《にちもくしょうにん》御《ご》画《が》像《ぞう》（総本山大石寺蔵）

日《にち》目《もく》上《しょう》人《にん》のご事《じ》蹟《せき》

代々《よよ》を経《へ》て　思《おも》いを積《つ》むぞ
富士《ふじ》の根《ね》の　煙《けむり》よ及《およ》べ　雲《くも》の上《うえ》まで
（辞世《じせい》の歌）

第三祖日目上人《にちもくしょうにん》は文応《ぶんおう》元（一二六〇）年、伊豆国仁田郡畠郷《いずのくににいだごおりはたけごう》（静岡県函南《かんなみ》町）に出生《しゅっしょう》し、幼名《ようめい》を虎王丸《とらおうまる》と称《しょう》された。母は、南条時光の姉である。日興上人《にっこうしょうにん》が伊豆《いず》に弘教《ぐきょう》されたときに弟子《でし》となり、そののち、身延《みのぶ》に登《のぼ》って日蓮大聖人に常随給仕《じょうずいきゅうじ》し、「宮内卿《くないきょう》の公《きみ》」（のちに新田卿阿闍梨《にいだきょうあじゃり》）と称された。

日目上人は、東北から東海に至る各地に弘教《ぐきょう》するとともに、幕府《ばくふ》および朝廷《ちょうてい》に生涯《しょうがい》四十二度にわたる諫暁《かんぎょう》をされた。

正応《しょうおう》三（一二九〇）年十月十三日、日目上人は日興上人から内付《ないふ》嘱《ぞく》を受《う》けられた。さらに元弘《げんこう》二（一三三二）年十一月十日、一閻浮《いちえんぶ》提《だい》の座《ざ》主《す》と定《さだ》められて、本門戒壇《ほんもんかいだん》の大御本尊《だいごほんぞん》を相伝《そうでん》された。

翌元弘《よくげんこう》三年十月、日目上人は第四世日道上人《にちどうしょうにん》に唯授一人《ゆいじゅいちにん》の血脈《けちみゃく》を相承《そうじょう》し、同年十一月十五日、天奏《てんそう》の途上《とじょう》、美濃国垂井《みののくにたるい》（岐阜《ぎふ》県垂井町）において七十四歳で入滅《にゅうめつ》された。

師《し》への給仕《きゅうじ》

日目上人《にちもくしょうにん》は、十七歳で日興上人《にっこうしょうにん》の弟子《でし》となったのち、大師匠《だいししょう》である日蓮大聖人のもとに上《あ》がり、弘安《こうあん》五（一二八二）年に大聖人がご入滅《にゅうめつ》されるまでの七年間お仕《つか》えして、修学研鑽《しゅうがくけんさん》に励《はげ》まれた。

日目上人は給仕《きゅうじ》のため、日に幾度《いくど》も身延《みのぶ》の谷川《たにがわ》に下《お》りて水を汲《く》んだが、このとき重い水桶《みずおけ》を頭に載《の》せて運んだため、頭頂部《とうちょうぶ》がくぼんだと伝《つた》えられている。

古来《こらい》「法華経《ほけきょう》を　我《わ》が得《え》しことは　薪《たきぎ》こり　菜摘《なつ》み水汲《く》み　仕《つか》えてぞ得《え》し」と歌われている。日目上人の師への給仕は、まさにこの歌に詠《よ》まれたお姿そのものであった。

大聖人への常随給仕《じょうずいきゅうじ》

問《もん》答《どう》の巧《こう》者《しゃ》

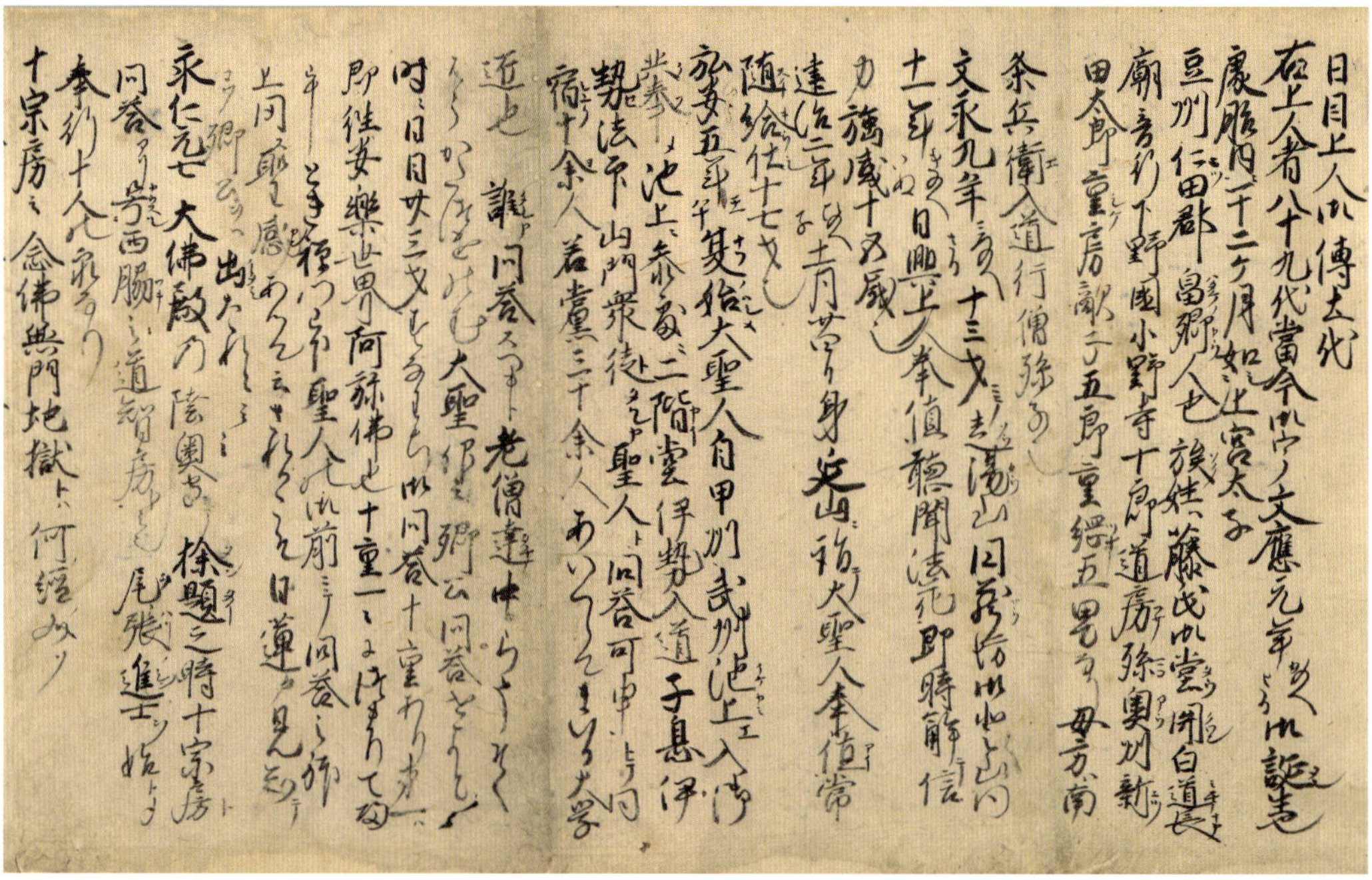

第四世日道上人《にちどうしょうにん》筆『御伝土代《ごでんどだい》』（総本山大石寺蔵）

日目上人《にちもくしょうにん》は、弘安《こうあん》五（一二八二）年九月、二十三歳のとき、武蔵国《むさしのくに》池上宗仲邸《いけがみむねなかてい》において日蓮大聖人の命《めい》を受《う》け、幕府要人《ばくふようじん》の二階堂伊勢守《にかいどういせのかみ》の子《こ》で天台僧《てんだいそう》の伊勢法印《いせほういん》と十番問答《じゅうばんもんどう》を行い、これをことごとく論破《ろんぱ》した。

大聖人はこの功績《こうせき》を愛《め》でられ、日目上人に「御生骨《ごしょうこつ》（大聖人の御歯《おんは》）」を授《さず》けられた。

また、正安《しょうあん》元（一二九九）年六月の奏聞《そうもん》のとき、京《きょう》の六波羅《ろくはら》において、永年《ながねん》の願《ねが》いであった公場対決《こうじょうたいけつ》が実現《じつげん》し、のちに十一代執権《しっけん》となる北条《ほうじょう》宗宣《むねのぶ》が帰依《きえ》する念仏僧十宗房道智《ねんぶつそうじっしゅうぼうどうち》と対論《たいろん》し、完膚《かんぷ》なきまでに論破した。

これらのことは、大聖人・日興上人《にっこうしょうにん》・日目上人の三師伝である『御伝《ごでん》土代《どだい》』に記《しる》されている。

なお、大聖人は「日興に物《もの》かかせ、日目に問答《もんどう》させて、また弟子《でし》ほしやと思《おも》わず」と仰《おお》せられていたことが、伝えられている。

天《てん》奏《そう》

日目上人《にちもくしょうにん》は生涯《しょうがい》をとおして、鎌倉の武家《ぶけ》や京の朝廷《ちょうてい》を諫暁《かんぎょう》され、その数は実に四十二度にも及《およ》んだ。

日興上人《にっこうしょうにん》はその功績《こうせき》を讃《たた》え、日目上人に授与《じゅよ》した御《ご》本尊《ほんぞん》の脇書《わきが》きに「最前上奏《さいぜんじょうそう》の仁《じん》 新田《にいだ》卿阿闍梨《きょうあじゃり》日目《にちもく》に之《これ》を授与《じゅよ》す 一《いち》が中の一弟子《いちでし》なり」としたためられている。

日目上人は、元弘《げんこう》三（一三三三）年、鎌倉幕府《ばくふ》が滅亡《めつぼう》し、朝廷に政権《せいけん》が移《うつ》ったのを機に、老齢《ろうれい》の身をおして最後の天奏《てんそう》に発《た》たれた。しかし、京へ向かう途《と》上《じょう》、美濃国垂井《みののくにたるい》で入滅《にゅうめつ》された。

弟子と共《とも》に京に向かわれる日目上人

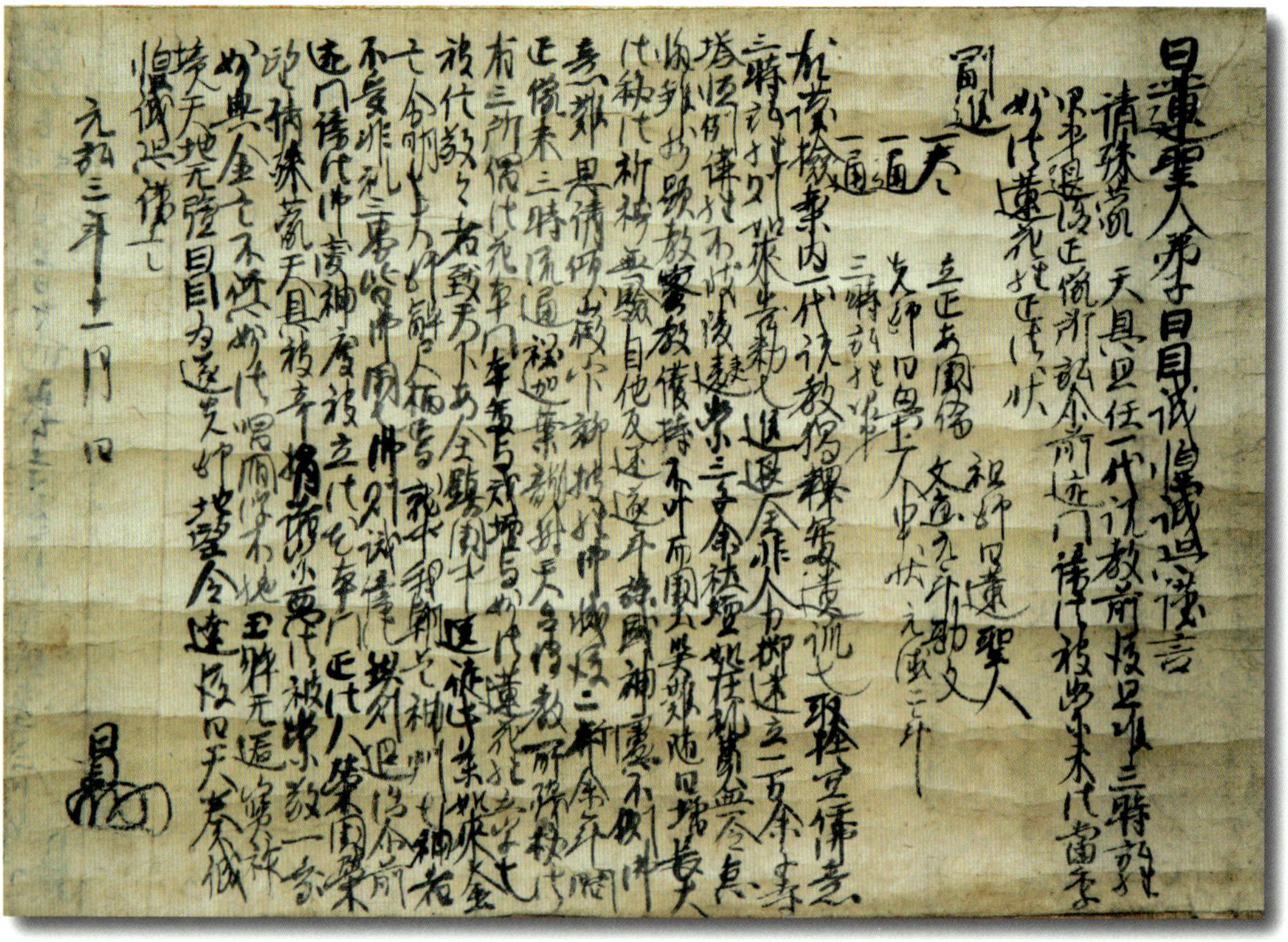

日目上人最後の『申状《もうしじょう》』（保田妙本寺蔵）

広布《こうふ》への願業《がんぎょう》

日目上人《にちもくしょうにん》の辞世《じせい》の歌に「代々《よよ》を経《へ》て 思《おも》いを積《つ》むぞ富士《ふじ》の根《ね》の 煙《けむり》よ及《およ》べ 雲《くも》の上《うえ》まで」とある。

この歌からは、幾度《いくど》生まれ変わろうとも、国主諫暁《こくしゅかんぎょう》の思いは止《や》まず、煙《けむり》が雲の上に至《いた》るように、富士の麓《ふもと》の妙法が京の朝廷《ちょうてい》に至り、必ず広宣流布《こうせんるふ》の大願《だいがん》を成就《じょうじゅ》する、との熱い思いが拝される。

本宗では、日目上人を「一閻浮提《いちえんぶだい》の御座主《おんざす》」と尊称《そんしょう》するが、これは『日興跡条々事《にっこうあとじょうじょうのこと》』に「本門寺《ほんもんじ》建立の時、新田卿阿闍梨日目《にいだきょうあじゃりにちもく》を座主《ざす》と為《な》し……」と記《しる》されたことによる。ゆえに、古来「広宣流布の暁《あかつき》には日目上人がお出ましになる」「代々《だいだい》の御法主上人《ごほっすしょうにん》はすべてこれ日目上人なり」とも言い伝えられている。

日目上人の広布への願業《がんぎょう》と正法厳護《げんご》の精神は、今もなお歴代上人《れきだいしょうにん》に脈々《みゃくみゃく》と受《う》け継《つ》がれている。

日目上人略年表

文応元（1260）年		1歳	伊豆国《いずのくに》仁田郡《にいだごおり》畠郷《はたけごう》に誕生し、幼名を虎王丸《とらおうまる》と称する
建治2（1276）年	4月8日	17歳	走湯山《そうとうざん》円蔵坊《えんぞうぼう》において日興上人《にっこうしょうにん》により出家得度する
	11月24日		身延山《みのぶさん》に登り、日蓮大聖人《にちれんだいしょうにん》に常随給仕《じょうずいきゅうじ》する
弘安4（1281）年		22歳	園城寺《おんじょうじ》申状《もうしじょう》を代奏する〔初度《しょど》天奏《てんそう》〕
弘安5（1282）年		23歳	大聖人の命により、伊勢《いせ》法印《ほういん》と問答を行い論破し、大聖人より御生骨《ごしょうこつ》を拝受する
弘安6（1283）年		24歳	伊豆及び奥州《おうしゅう》に弘教する（翌年・翌々年にも奥州弘教）
正応3（1290）年	10月13日	31歳	日興上人から唯授一人《ゆいじゅいちにん》血脈相承《けちみゃくそうじょう》を内付嘱《ないふぞく》され、譲座本尊《じょうざほんぞん》を授与される
			大石寺《たいせきじ》塔中《たっちゅう》蓮蔵坊《れんぞうぼう》を開創する
永仁6（1298）年		39歳	日興上人から本弟子《ほんでし》六人の筆頭に定められる
正安元（1299）年	7月1日	40歳	京《きょう》の六波羅《ろくはら》において十宗房道智《じっしゅうぼうどうち》を論破する
元弘2（1332）年	11月10日	73歳	日興上人より日興跡条々事《にっこうあとじょうじょうのこと》を賜り一閻浮提《いちえんぶだい》の座主《ざす》と定められる
元弘3（1333）年〔正慶2〕	2月7日	74歳	日興上人が入滅され、葬儀の指揮を執る
	5月22日		鎌倉幕府滅亡
	10月		日道上人《にちどうしょうにん》に法を付嘱する
	11月15日		天奏の途上、美濃国垂井《みののくにたるい》にて入滅

―絵と写真で見る―

日蓮大聖人のご生涯と正法伝持

平成二十三年十一月二十一日　初版発行
平成二十三年十二月二十一日　第二版発行

編　集　日蓮正宗宗務院教学部

製　作
発　行　大日蓮出版
〒418-0116　静岡県富士宮市上条五四六―一
Tel　〇五四四(五九)〇五三〇

ISBN 978-4-904429-96-9